Strength 진 정 한 힘

강하다는 것은 용기가 있다는 것이다.
결코 비겁한 행동을 해서는 안 된다

Innovation 창 의 적 혁 신

'어제보다 나은 오늘, 오늘보다 밝은 내일'을 향해
자신의 창조성을 발휘하여 항상 변화를 멈추지 말아야 한다

Optimism 적 극 적 사 고

언제나 밝고 진취적인 자세로 순수한 꿈과 희망을
마음에 품는다

Never give up 결 코 포 기 하 지 않 음

그 누구에게도 뒤지지 않는 최선의 노력을 한다. 평범한 일이라도
한 걸음 한 걸음 성실하게 임하며 노력을 게을리하지 않고
자기에게 주어진 상황에서 최선을 다한다

A Passion for Success, 1st Edition

Korean Language Edition Copyright © 2015 by McGraw-Hill Education Korea, Ltd. and Golden Wisdom. All rights reserved. No part of this publication may be reproduced or distributed in any form or by any means, or stored in a database or retrieval system, without prior written permission of the publisher.

1 2 3 4 5 6 7 8 9 10 Golden Wisdom   20 15

Original: A Passion for Success: Practical, Inspirational, and Spiritual Insight from Japan's Leading Entrepreneur, 1st Edition © 1995 By Kazuo Inamori
ISBN 978-0-07-031784-0

This authorized Korean translation edition is jointly published by McGraw-Hill Education Korea, Ltd. and Golden Wisdom. This edition is authorized for sale in the Republic of Korea

This book is exclusively distributed by Golden Wisdom.

When ordering this title, please use ISBN 979-11-954596-2-9 (13320)

Printed in Korea

이 책의 한국어판 저작권은 맥그로힐 에듀케이션 코리아와 계약한 황금지식에 있습니다. 신 저작권법에 의해 한국 내에서 보호를 받는 저작물이므로 무단전재와 무단복제를 금합니다.

단 한 번의 적자도 없는 경영 신화의 비밀

PASSION

이나모리 가즈오
불패경영의 원칙

이나모리 가즈오 Inamori Kazuo 지음 · 김혜성 옮김

Mc Graw Hill Education

황금식지

> 머 리 말

내가 사업에서 성공할 수 있었던 비결은 바로 나만의 철학 philosophy 을 갖고 있었기 때문이다. 사실 교토세라믹 주식회사는 내 경영철학이 마음에 들었던 한 지인이 자신의 집을 담보로 잡히면서까지 회사설립에 필요한 자금을 대출해 준 덕분에 시작할 수 있었다.

그때 지인은 나에게 딱 한 가지만 부탁하며 이렇게 강조했다.

"이나모리 씨, 결코 돈의 노예는 되지 말아주세요!"

나는 감동을 받았고 '이 분께 빌린 돈은 무슨 일이 있어도 빨리 갚아야 한다'고 마음속으로 다짐했다. 다행히 교세라는 창업 첫해가 끝나갈 무렵 흑자를 달성했고 그 후 매년 이익을 내게 되었다. 1971년에는 주식을 공개할 수 있는 단계까지 이르렀다.

나는 후원자인 니시에다 선생에게 출자금을 상환하고 싶다고 수차례 말씀드렸지만, 선생은 그럴 필요 없다며 나를 보고 이렇게 말씀하셨다.

"나는 부자가 되고 싶어서 당신에게 자금을 대출해 준 것이 아닙니다. 유독 당신의 철학이 좋았기 때문입니다. 그 철학으로 현실에서 성공하는 모습을 보고 싶었어요."

내가 이 책을 쓴 이유는 나의 생각과 삶 속에서 얻은 깨달음들을 더 많은 분들과 함께 나누고 싶었기 때문이다. 나만의 철학이 내 인생에서 어떤 역할을 했고, 회사를 경영할 때에는 실질적으로 어떻게 기여했으며, 한 걸음 더 나아가 조화와 번영을 바탕으로 조직이나 사회, 세계평화에 어떤 공헌을 할 수 있는지 비즈니스 현장에서 고뇌하는 많은 분들과 함께 생각해 보고 싶다. 이러한 사항은 나의 경영철학 중 가장 중요한 것이다. 이 책이 독자 여러분의 인생과 비즈니스에 조금이라도 도움이 되었으면 한다.

이나모리 가즈오

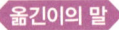

성공은 철학을 필요로 한다
이나모리 가즈오 경영철학의 핵심 'PASSION'

55년 연속 두자리 수 흑자 불패경영의 신화

세계 100대 기업으로 꼽히는 일본 교세라 그룹의 창업자이자 명예회장인 이나모리 가즈오는 살아있는 '경영의 신'으로 불리는 세계적인 기업가로서 55년간 단 한 번의 적자도 없는 불패경영의 신화를 창조한 인물이다. 이나모리 가즈오는 마쓰시타 고노스케 마쓰시타 전기 창업자, 혼다 소이치로 혼다 기연 창업자와 함께 일본에서 가장 존경받는 3대 경영자로 칭송받고 있다.

- 1959년 자본금 300만 엔, 직원 28명으로 창고에서 시작한 벤처기업
- 2014년 총자산 3조 엔, 직원 약 7만 명, 계열사 230개의 글로벌 대기업

- 창업 55년간 단 한 번의 적자도 없이 연속 두 자리 수 흑자 기록
- 세계 100대 기업 매상 5.7% 증가, 영업이익 12% 증가 자산 100만 배 증가 기록

'55년 불패경영의 원칙'에 권모술수는 필요 없다

기업 경영에는 권모술수가 필요하다고 느끼는 사람이 많을지도 모르지만, 그런 것은 전혀 필요 없다. 오늘 하루를 열심히 살면 반드시 밝은 미래는 열린다. 또한 인간으로서 올바른 목적을 가지고 정정당당하게 어려움을 극복하려고 노력하면 하늘도 스스로 돕는자를 돕는다. 나 또한 인생의 고비고비마다 하루하루 최선을 다해 살았기 때문에 마음에 그리는 대로 모든 것이 이루어졌고 강렬하게 생각하고 바랐던 것이 어느 날 현실이 되었으며 항상 하는 일마다 좋은 결과를 얻을 수 있었다.

− 『삶과 경영』 중에서

'세상은 불공평하고 난 참 운도 없는 놈'

1932년 일본 대공황시절 가고시마에서 태어난 이나모리 명예회장은 세계대전이라는 역사의 소용돌이 속에서 공습으로 집이 불타는 등 경제적으로 어렵고 불우한 어린시절을 보냈다. 그는 집안에서는 밝고 활발한 성격의 소유자로 많은 사람들에게 웃음을 주는 아이였지만 동네에서는 유명한 응석받이로 한번 울기 시작하면 좀처럼 그치지 않아 별명이 '세 시간 울보'일 정도였다. 밖에서는 부끄럼을 많이 타고 소극적이며 겁이 많은 아이였기 때문에 초등학교에 입학해서도 어머니가 데려다 주지 않으면 학교에도 가지 못했다.

시간이 지나면서 학교생활에 익숙해지자 그는 차츰 골목대장처럼 외향적인 성격으로 변해갔지만 결핵으로 건강이 나빠져 수업을 들을 수 없는 날이 많았다. 그래서인지 중학교 시험에 2번이나 떨어졌으며 2차 중학교를 거쳐 겨우 고등학교에 진학했고 대학교도 제1지망에서 탈락, 신설된 지방대에 들어갔지만 취직시험에서 계속해 떨어지는 등 불운은 계속되고 있었다.

1955년 가고시마대학을 졸업할 당시 일본은 취업난이 극심했고 친척이나 회사에 아는 연줄이 없이 취직한다는 것은 하늘의 별따기였다. 그 역시 졸업하기 전에 어느 곳에서도 받아주지 않았다. 그래서 '세상은 불공평하고 난 참 운도 없는 놈'이라는 생각에 시달려야만 했다. 한때 '어차피 좋은 회사에 들어갈 수 없다면 대학을 나온 인텔리 야쿠자가 되어 보는 것도 좋지 않을까? 이런 불공평한 사회보다는 의리를 최고로 치는 야쿠자 쪽이 더 낫겠다'는 망상에 사로잡히기도 했다.

그는 여러 가지 고민 속에서도 '인생을 적극적으로 밝게 살아가자'고 생각을 고쳐먹던 중 대학 은사님의 소개로 교토에 있는 송전선용 애자를 생산하는 쇼후공업에 취직한다. 공학부 응용화학과 출신인 이나모리는 애자나 요업 같은 무기화학 분야는 잘 몰랐고 회사에서는 무기화학 분야 자기관계 연구 실적이 있는 학생을 희망하고 있었다. 그래서 그는 급하게 무기화학과 교수님의 도움으로 점토연구를 시작해 반 년만에 그 연구성과를 바탕으로 졸업논문을 정리하게 된다.

'이런 비참한 상황에서 어서 벗어나야겠다'

대도시 교토에서의 설레는 첫 직장생활은 모든 일이 생각처럼 잘 되지 않았다. 그는 완전히 시골뜨기였다. 그때까지만 해도 지방 사투리가 심했고 대도시에서는 생활해 본 적도 없었다.

그러던 어느 날 열등감에서 벗어나 '자신의 약점을 솔

직히 받아들이고 그것을 극복하려는 노력을 하자'는 결심을 하게 되자 쓸데없는 좌절감은 맛보지 않을 수 있었다. 그는 매우 낡고 허름한 기숙사의 2층, 10평 남짓한 곳에서 살았는데 짚을 엮어 만든 방바닥은 구멍이 숭숭 뚫려 지푸라기가 날렸고 취사용 도구로 매일 직접 밥을 지어 먹는 생활에는 변함이 없었다. 회사에서 하는 연구는 신통치 못했고 인간관계는 악화일로에 있었으며 월급은 밀리고 보너스는 생각할 수조차 없었다. 더 이상 미래가 보이지 않았기 때문에 회사를 그만두려고 심각하게 고민하게 되었는데 급기야 상황은 최악으로 치달아 경영진과의 잦은 충돌, 노동조합과의 불화까지 겹쳐 완전히 외톨이가 되어 버린다. 하지만 이나모리는 좌절하거나 포기하지 않았다. 동기들은 이미 회사를 전부 그만둔 상황에서 자신이 할 수 있는 일을 하기로 마음먹고 인생을 바꾸기로 한다. 일에 대한 생각을 바꾸고 일에서 즐거움을 찾으려고 노력했으며 '이런 비참한 상황에서 어서 벗어나야겠다'고 결심한 것이다.

그러자 놀라운 변화가 일어났다. 회사에는 탁월한 인재가 없었기 때문에 작은 성과에도 곧 상사에게 인정을 받았고 입사한지 1년 6개월 만에 고토감람석을 활용해서 일본 최초로 세라믹 고주파 절연재료를 처음으로 개발해 냈으며 마쓰시타 전기가 발주한 TV브라운관용 절연부품 합성에 성공하면서 입사 2년 만에 특수자기과 팀장으로 승진하는 등 눈에 띄게 성장하게 된다. 결국에는 최고경영자까지도 알아주는 특출한 사원이 되었다. 그의 인생은 이렇게 대전환의 계기를 통해 크게 바뀌면서 발전했다. 지금도 이나모리는 "만약 처음부터 좀 더 좋은 일자리와 환경에서 근무했다면 분명 오늘의 나는 없었을 것"이라며 그 당시를 회고하고 있다.

'인생에 위기는 반드시 찾아온다'

'인생에 위기는 반드시 찾아온다'는 그의 평소 지론처럼 그에게도 인생 최대의 위기가 찾아왔다.

당시 새로운 세라믹 재료의 연구 개발에 종사하던 그는 입사하여 3년 정도가 지났을 무렵, 회사 경영상의 문제로 사장과 직속상사가 바뀌고 새로 온 상사와 기술적인 문제를 둘러싼 의견대립이 격화돼 감정적 충돌이 잦아졌다. 어느 날 모든 연구개발과 프로젝트에서 '손을 떼라'는 상사의 불합리한 지시에 회사를 그만 두기로 결심한다.

그가 회사를 떠날 것이라는 소문을 듣고 주위 사람들은 이나모리의 기술이 묻혀 버리는 게 너무도 안타깝다며 창업을 권유했다. 스스로도 자신의 기술을 세상에 알리고 싶은 원대한 꿈을 포기하고 싶지 않았던 그는 1959년 4월 27세의 젊은 나이에 교토 외곽의 창고를 빌려 쇼후공업 동료 7명과 지인들이 출자한 자본금 300만 엔, 전직원 28명이 전부인 교토세라믹 주식회사를 창업하게 된다. 그러나 교세라를 창업하고 1년이 지나자 그의 뜻과는 상관없이 생각하지 못한 문제가 발생하기 시작했다. 처음에는 자신의 기술을 세상에 알리고 싶어서 회사를 시작했지만 기업경영이라는 것은 불확실성의 연속이었다. 신입직원 11명이 단체교섭을 제의하며 '월급과 보너스를 몇 년 동안 보증해 주지 않으면 회사를 그만두겠다'는 폭탄선언을 해버린 것이다.

이때부터 이나모리는 '기업이란 무엇인가?'라는 질문에 대해 진심으로 심각한 고민을 하게 되었고 교세라의 경영방침을 바꾸기로 했다. 기술을 세상에 알리는 일보다 회사 구성원들의 생활을 최우선으로 여기는 것을 기본방침으로 하여, 교세라의 경영이념을 '전체 구성원에게 물심양면으로 행복을 주며 동시에 인류의 행복과 사회

발전에 공헌하는 경천애인敬天愛人'으로 삼았다. 그런데 정작 심각한 문제는 다른 곳에서 발생하게 된다.

당시 일본기업들은 거래관계에 있어서 거래조건 및 실적과 신용을 중요하게 여겼다. 그러한 폐쇄적 구조 때문에 거래를 성사시키는 것은 신뢰관계가 형성되어 있지 않다면 낙타가 바늘구멍에 들어가는 것 만큼이나 매우 어려운 일이었다. 다행히 첫 거래는 쇼후공업 당시 큰 도움을 받았던 마쓰시타전기였지만 언제까지나 마쓰시타전기만 바라보고 있을 수는 없었다. 그래서 직접 발로 뛰며 거래처를 확보해야만 했다.

교토세라믹은 일본 최고의 세라믹 기술을 보유하고 있었지만 기업담당자와 미팅을 하면 항상 똑같은 답변이 돌아왔다.

"당신들의 기술은 정말 뛰어나지만, 우리 회사는 무명의 교토세라믹을 신뢰할 수 없다. 왜냐하면 다른 회사에

납품한 실적이나 우리 회사와 거래한 실적이 없기 때문이다."

대기업을 대상으로 영업에 집중하던 때, 신생 벤처기업이 신규 거래처를 확보하는 일은 이처럼 만만치 않았다. 최대한 인맥을 동원하고 가격정책과 제품의 성능을 다시 한 번 확인하고 점검하면서 거래처 개척에 나섰지만 돌아오는 답변은 변함이 없었다. 창업과 동시에 최대의 위기가 찾아온 것이다.

소니, 도시바, 미쓰비시전기, 히타치제작소, 일본전신전화공사 등 대기업을 대상으로 영업에 열중하던 이나모리는 미국에서 기술을 도입하는 대기업이 많다는 점에 착안해 역으로 미국업체에 수출을 하면 일본의 대기업도 자신의 기술을 인정해 줄 것이라고 생각했다. 그래서 1962년 혼자서 한 달 일정으로 미국으로 날아갔다. 매일 같이 미국업체들과 미팅을 했지만, 기술수준이 높다는 평가 말고는 그 누구도 선뜻 교세라의 제품을 사주지 않았다.

하지만, 이나모리는 결코 포기하지 않았으며 2년 뒤인 1964년 다시 한 번 홍콩, 유럽, 미국으로 해외 출장길에 오른다. 오랜 기다림 속에 드디어 1964년 말 홍콩의 마이크로일렉트로닉스에서 구매주문이 들어왔다. 첫 번째 거래가 성공하자, 페어차일드, IBM 등 다른 업체와의 대량거래로 이어졌고 교세라는 하이테크 벤처로 급성장해 갔다.

이나모리의 인생철학 '진정성'과 '정열', '신념'

이나모리 명예회장은 어떤 어려움이 있어도 결코 포기하지 않았다. 왜냐하면 자신만의 철학philosophy을 갖고 있었기 때문이다. 생명 있는 모든 것을 행복하게 만드는 보편적 원칙, 개인적인 순수한 철학을 갖고 있었다. 그것은 인간으로서의 올바른 도리인 '진정성眞情性'이다.

마쓰시타전기 창업자인 마쓰시타 고노스케는 이나모리 회장을 이렇게 평가했다.

"인간에게 주어진 무한능력을 믿고 그 능력을 성실히 발휘해서 충실한 인생을 살아가자는 이나모리 가즈오의 진정성眞情性과 정열情熱, 신념信念이 마음에 와닿는다."

그런데 가장 중요한 것은 '진정성'을 자신만의 철학으로만 두지 않고 몸소 행동으로 실천해서 위대한 성공을 이루었다는 사실이다. 선한 의도와 철학만으로 위대한 성공을 이루어 낼 수는 없다는 것은 불변의 진리이다. 행동하지 않으면 허공을 울리는 공허한 메아리에 불과하다.

이나모리에게는 진정성을 실천할 수 있었던 원동력이 있었다. 그것은 바로 정열PASSION이다. 정열은 자신만의 철학을 바탕으로 한 사고방식과 열의가 넘치는 열정적인 행동 그리고 타고난 재능이나 능력을 통해 갈고 닦은 성실한 노력의 결과가 상승작용을 통해서 발휘되는 진정한 힘이다. 또한 결코 포기하지 않는 강한 의지로 적극적 사고이며 긍정의 힘인 것이다. 정열은 사람이 바뀌고 시대가 변해도 불변하는 진리이다.

정열은 목적으로서 모든 감정을 가리킨다면 열정熱情은 목표로서 어떤 일에 열중하는 감정 중 하나로 이해할 수 있다. 그러므로, 정열은 열정보다 포괄적인 개념의 에너지다.

이 책은 세미나의 자료로 활용한 「마음을 높이고 경영을 넓힌다」라는 책에 세미나에서 진행된 이나모리 가즈오와의 질의응답 내용을 첨부하고 미국인에게도 이해하기 쉽게 편집하여 『A PASSION FOR SUCCESS』라는 제목으로 미국의 맥그로힐 출판사에서 출간된 책이다.

자, 이제부터 이나모리 가즈오가 최고의 성공 조건으로 강조하는 불패경영의 원칙, PASSION을 소개한다.

차 례

머리말 4
옮긴이의 말 6

Capter 1 비즈니스를 위한 불패경영의 원칙
HOW TO SUCCEED IN BUSINESS

정열 PASSION

1. 기업이라는 이름의 드라마 30
2. 성공을 부르는 정열의 힘 32
3. 순수한 마음이 정열의 원천 34
4. 성공을 향한 정열이 만들어낸 '아메바 경영' 36

이나모리 가즈오에게 묻다   정열 | Q & A 38

이익 Profit

1. 구성원에게 행복을 준다 46
2. 공명정대하게 이윤을 추구한다 48
3. 비즈니스의 본질을 잊지 않는다 50
4. 고객을 기쁘게 해준다 52
5. 가격결정이 진짜 경영이다 54
6. 시장이 가격을 결정한다 56
7. 매일 손익계산서를 만든다 58
8. 사심을 버리고 큰 이익을 생각한다 60
9. 자기자본 비율을 조금씩 높인다 62
10. 공유할 수 있는 목표를 설정한다 64
11. 경쟁의 한가운데서 싸운다 66
12. 개인보다 회사를 먼저 생각한다 68

13 호경기에 불경기를 대비한다 ··· 70
14 거품경제에서 교훈을 얻는다 ··· 72
이나모리 가즈오에게 묻다 이익 | **Q & A** ··· 74

야망 Ambition

1 스스로를 불태워라 ··· 84
2 회오리의 중심이 된다 ··· 86
3 끊임없이 꿈꾸고 마음에 품는다 ··· 88
4 무엇이든 할 수 있다고 마음속에 그려본다 ··· 90
5 동기가 선하면 결과는 걱정할 필요가 없다 ··· 92
6 높은 이상과 목표를 가진다 ··· 94
7 타고난 재능은 자기만의 것이 아니다 ··· 96
8 최고를 위해서는 대가를 지불해야 한다 ··· 98
이나모리 가즈오에게 묻다 야망 | **Q & A** ··· 100

성실함 Sincerity

1 마음은 마음을 부른다 ··· 106
2 고객의 신뢰를 넘어 존경을 받는다 ··· 108
3 조직의 비전을 선포한다 ··· 110
4 판단의 기준을 만든다 ··· 112
5 겸손한 리더가 된다 ··· 114
6 상반된 양극단을 동시에 생각한다 ··· 116
7 큰 사랑에 눈을 뜬다 ··· 118
8 구성원이 자립하고 독립할 수 있게 돕는다 ··· 120
9 원대한 이상으로 길을 개척한다 ··· 122
10 진실한 마음으로 신뢰를 쌓는다 ··· 124

11 마음과 정성을 다해 말한다 ⋯⋯⋯⋯ 126
12 세대 차이를 극복하고 공감대를 형성한다 ⋯⋯⋯⋯ 128

이나모리 가즈오에게 묻다 | 성실함 | **Q & A** ⋯⋯⋯⋯ 130

진정한 힘 Strength

1 자기를 희생할 줄 아는 용기를 가진다 ⋯⋯⋯⋯ 136
2 조직윤리를 확립한다 ⋯⋯⋯⋯ 138
3 말과 행동을 일치시킨다 ⋯⋯⋯⋯ 140
4 미래를 여는 도전자 상을 제시한다 ⋯⋯⋯⋯ 142
5 확실한 신념을 갖고 도전한다 ⋯⋯⋯⋯ 144
6 자신에게는 엄격한 사람이 된다 ⋯⋯⋯⋯ 146
7 헌신적으로 경영에 열중한다 ⋯⋯⋯⋯ 148

이나모리 가즈오에게 묻다 | 진정한 힘 | **Q & A** ⋯⋯⋯⋯ 150

창의적 혁신 Innovation

1 창의적 리더가 된다 ⋯⋯⋯⋯ 156
2 단순하게 생각한다 ⋯⋯⋯⋯ 158
3 솟구치는 정열을 쏟아붓는다 ⋯⋯⋯⋯ 160
4 생각을 한 차원 높인다 ⋯⋯⋯⋯ 162
5 고난에 정면으로 맞선다 ⋯⋯⋯⋯ 164
6 진리와 원칙이 있는 원점으로 돌아간다 ⋯⋯⋯⋯ 166
7 진정한 진리를 찾아 나선다 ⋯⋯⋯⋯ 168
8 남에게 의지하지 않고 자신의 길을 간다 ⋯⋯⋯⋯ 170
9 주식회사 일본은 일본식 경영을 한다 ⋯⋯⋯⋯ 172

이나모리 가즈오에게 묻다 | 창의적 혁신 | **Q & A** ⋯⋯⋯⋯ 174

적극적 사고 Optimism

1 비전을 가지고 시작한다 · 180
2 원대한 꿈은 정열을 부른다 · 182
3 실패는 새로운 도전의 기회가 된다 · 184
4 일을 예술의 경지까지 끌어 올린다 · 186
5 상식의 틀을 깨면 변화가 보인다 · 188
6 긍정적 사고를 습관화한다 · 190
7 시작이 좋으면 반드시 끝도 좋다 · 192

이나모리 가즈오에게 묻다 적극적 사고 | **Q & A** · 194

결코 포기하지 않음 Never give up

1 진심으로 원하면 이루어진다 · 200
2 자신의 무한한 가능성을 믿는다 · 202
3 확고한 경영철학으로 미래를 개척한다 · 204
4 1보 전진을 위한 2보 후퇴도 필요하다 · 206
5 꿈과 희망을 주는 사람이 된다 · 208
6 일에 있어서는 완벽주의자가 된다 · 210
7 스스로 길을 결정하고 전진한다 · 212
8 욕심을 버리면 사람의 마음이 움직인다 · 214
9 지금 필요한 것은 무엇인지 스스로 묻는다 · 216
10 아프리카 원주민의 지혜를 떠올린다 · 218
11 침팬지에게 배운다 · 220

이나모리 가즈오에게 묻다 결코 포기하지 않음 | **Q & A** · 222

Capter 2 인생을 위한 불패경영의 원칙
HOW TO SUCCEED IN LIFE

인생 성공을 위한 제언 Equation for success

1 인생이라는 제목의 드라마 ········· 228
2 인생 선배에게 배운다 ········· 230
3 인생의 목적을 확실하게 설정한다 ········· 232
4 자신을 있는 그대로 바라본다 ········· 234
5 한 걸음씩 꿈을 향해 걸어간다 ········· 236
6 성공을 위한 방정식 ········· 238
이나모리 가즈오에게 묻다 인생 성공을 위한 제언 | **Q & A** ··· 240

능력 Ability

1 나의 약점은 스스로 인정한다 ········· 244
2 평범한 나를 넘어선다 ········· 246
3 자신과의 싸움에서 이긴다 ········· 248
4 대담하면서도 세심하게 한다 ········· 250
5 본능을 의지로 통제한다 ········· 252
6 의식의 초점을 좁히고 하나로 집중한다 ········· 254
7 자신의 능력을 미래형에 맞춘다 ········· 256
8 자신을 훌륭한 인격체로 만든다 ········· 258
이나모리 가즈오에게 묻다 능력 | **Q & A** ··· 260

열의 Effort

1 일은 삶의 보람을 느끼게 한다 ········· 262

- 2 벽을 돌파한다 ··· 264
- 3 정열로 새로운 시대를 연다 ··· 266
- 4 혼신을 다해 일에 빠져 본다 ··· 268
- 5 한 가지 일을 끝까지 파고든다 ··· 270
- 6 스스로 길을 만들어 간다 ··· 272
- 7 건전한 정신은 건강한 육체에 깃든다 ··· 274
- 8 반성하는 인생을 살아간다 ··· 276
- 9 독서는 시야를 넓혀준다 ··· 278
- 10 구성원에게 열정을 불어넣는다 ··· 280
- 11 하루하루를 열심히 산다 ··· 282

이나모리 가즈오에게 묻다 열의 | Q & A ··· 284

사고방식 Attitude

- 1 절대로, 희망을 잃지 않는다 ··· 288
- 2 인간으로서 올바른 일을 추구한다 ··· 290
- 3 쉽고 편한 길은 피한다 ··· 292
- 4 천국과 지옥은 종이 한 장 차이다 ··· 294
- 5 먼저 자기 자신부터 신뢰한다 ··· 296
- 6 자기희생을 감수한다 ··· 298
- 7 세세한 것까지 주의를 기울인다 ··· 300
- 8 잠재의식을 일깨운다 ··· 302
- 9 자신의 철학으로 도리에 맞게 산다 ··· 304
- 10 원리원칙을 기준으로 한다 ··· 306

이나모리 가즈오에게 묻다 사고방식 | Q & A ··· 308

저자 후기 ··· 310

Capter 1
비즈니스를 위한 불패경영의 원칙
How To Succeed In Business

정열 PASSION
**정열이라고 불릴 만한 강한 의지는
성공의 문을 열어주는 열쇠다**

정열은 성공의 열쇠이며 이타적이고 순수한 마음은 정열의 원천이다

❶ 정열은 자신만의 철학으로 무장한 사고방식과 열정적인 행동, 그리고 타고난 재능이나 능력을 통해 갈고 닦은 성실한 노력의 결과가 상승작용을 통해 발휘되는 진정한 힘이다.

❷ 정열은 포기하지 않는 강한 의지이자 적극적 사고이며 긍정의 힘이다.

❸ 능력이 조금 부족하더라도 정열만 있다면 유능한 사람들과 함께 자신의 꿈을 나누며 일할 수 있고 자본과 설비가 부족한 상황에서도 꿈을 현실로 만들 수 있는 힘을 발휘할 수 있다.

기업이라는 이름의 드라마

　회사는 '기업경영'이라는 드라마를 공연하는 하나의 극단이다. 드라마를 무대에 올릴 때에는 많은 역할이 필요하다. 유명한 남자 배우나 여배우가 주인공을 맡고 주인공을 돕는 조연과 악역, 무대장치, 분장, 의상, 음악, 전기관계 등의 스태프들이 각자 담당한 분야에서 한 편의 드라마를 무대에 올리기 위해 함께 일하며 최선의 노력을 다한다.

　한편 배우와 스태프는 역할이 다를 뿐 인간으로서의 본질은 평등하다. 배우는 맡은 배역을 잘 연기하기 위해 대본연습에 충실하며 스태프는 각자 맡은 바 위치에서 책임을 다하기 때문에 '기업경영'이라는 드라마를 공연할 수 있다. 배우는 자신의 역할에 맞는 옷을 입고 연기를 해야 하는데 만약 주인공이 자신의 배역을 망각하고 제멋대로 행동하거나 스태프의 역할을 수행하려 한다면 공연은 취소될 수밖에 없다.

회사도 마찬가지다. 회사의 주연배우인 사장은 주인공의 역할을 맡기 때문에 배역에 맞는 옷을 입고 어울리는 차를 타거나 비즈니스 관계자들을 만나서 인간관계를 넓히는 연기도 필요할 것이다. 또, 중요한 역할을 맡으면 배역에 어울리는 대우가 필요한 법이다. 그러나 그것은 단순히 드라마의 성공을 위한 역할행동일 뿐이며 자신이 맡은 배역이 사장이라고 해서 자기 멋대로 할 수 있다는 의미는 아니다. 극단의 일원으로서 주어진 역할에 충실해야 하며 역할행동을 통해서 남을 이용하거나 자신의 편의를 위해 특권을 남용할 수 있다고 착각해서는 안 된다.

> 좋은 회사는 사원 한 사람 한 사람의 최선의 노력과 정열로 이루어진다. 각자의 역할은 달라도 모든 구성원은 자신의 분야에서 전문가로서의 역할에 충실해야만 한다.

2 성공을 부르는 정열의 힘

인물을 평가할 때 나 역시 가장 먼저 그의 재능과 능력을 살피지만 그에 못지않게 그 사람이 품고 있는 정열을 중요하게 생각한다. 왜냐하면 정열이라고 부를 정도의 강한 의지만 있다면 분명히 어떤 일이라도 잘 감당해 낼 수 있기 때문이다. 정열은 자신만의 철학으로 무장한 사고방식과 열정적인 행동, 그리고 타고난 재능이나 능력을 통해 갈고 닦은 성실한 노력의 결과가 상승작용을 통해 발휘되는 진정한 힘이다. 또한 결코 포기하지 않는 강한 의지이자 적극적 사고이며 긍정의 힘이다. 자신의 능력은 조금 부족하더라도 정열만 있다면, 유능한 사람들과 함께 자신의 꿈을 나누며 일할 수 있고 자본과 설비가 부족한 상황에서도 꿈을 현실로 만들 수 있는 힘을 발휘할 수 있다.

정열은 성공의 원천임을 다시 한 번 강조한다. 성공으로 향하는 의지와 열의가 강하면 강할수록 성공할 확률은 높아진다. 강한 의지에서 나오는 정열은 매순간 변함없이 한결 같은 힘을 발휘한다. 현실적으로 하루의 매순간, 정열을 쏟아낼 수는 없다. 하지만 강한 의지를 계속 유지해 나가려는 노력은 매우 중요하다. 강한 의지만이 나의 잠재의식을 흔들어 깨워 언제, 어디서, 어떤 상황에 맞닥뜨려도 의식적으로 집중력을 발휘할 수 있게 한다.

> 강한 의지에서 나오는 정열이 성공의 원천임을 나는 언제나 강조한다.

순수한 마음이 정열의 원천

 강한 의지에서 나오는 정열은 언제나 성공을 부르지만, 한 가지 염두에 두어야 할 사실이 있다. 그 정열이 단순히 사리사욕을 채우기 위한 것이라면 성공은 오랜 시간 지속되지 못한다. '인간에게 있어서 무엇이 올바른 것인가'라는 근원적 윤리 의식에 대해 무관심하거나 '나 혼자만 좋으면 다 된다'는 식의 편협하고 이기적인 사고는 순간적인 성공을 가져다줄 수는 있으나 결국에는 실패의 원인으로 되돌아오게 된다.

 가장 이상적인 모델은 사리사욕을 버리고, 더불어 살아가는 다른 이들과 세상을 위해 사는 것이다. 이타적인 마음, 순수한 마음을 갖고 살아가는 것이 가장 좋은 자세임을 강조하고 싶지만 그렇다고 해서 사람의 동물적 본능에서 나오는 먹고살기 위한 욕심, 자기 보존 본능까지 모두 버리라고 하는 것은 현실적으로 불가능할 것이다.

그러나 자기욕망과 현실상황의 완전한 노예가 되기 이전에 이기심을 버리려는 노력은 반드시 필요하며 적어도 행동의 목적을 '이기심'에서 '이타심'으로 바꿀 필요가 있다. 왜냐하면 이타적인 순수한 마음이 정열의 원료가 되기 때문이다. '이기利己'에서 '이타利他'로 목적을 바꾸면 마음이 빗나간 욕망이나 괴로움이 아닌 순수함으로 가득 채워진다. 실제로 어떤 문제에 대해 순수한 마음으로 고민하며 해결책을 찾았을 때 의외로 쉽고 간단하게 문제가 해결되었던 경험이 나에게도 많다. 나는 진심으로 내가 이룬 모든 성공은 하늘이, 혹은 우주의 어떤 기운이 나의 순수한 마음에 감동받아 도움을 준 것이라고 생각한다.

> 성공으로 향하는 나의 잠재의식을 일깨우는 힘은 이타적인 마음, 순수한 마음이다.

◢ 성공을 향한 정열이 만들어낸 '아메바 경영'

나는 대형 프로젝트를 시작할 때면 간부들에게 '차를 운전하기 전에 먼저 시동을 걸어 엔진을 가동 시켜야 한다'는 말처럼 '팀 리더는 정열을 공유하고 열정을 가진 구성원들에게 무엇이든 할 수 있다는 동기를 불러 일으켜야 한다'고 항상 강조한다.

교세라 제2공장을 건설할 당시 내게는 한 가지 걱정스러운 부분이 있었다. 당시 교세라는 설립된 지 얼마 되지 않은 신생 회사였지만 기업가 정신과 구성원들의 정열에 힘입어 급속하게 성장하고 있었다. 나는 점차 교세라가 개척자로서의 초심과 정열을 잃어버리고 관료주의적인 대기업이 되지나 않을지 내심 걱정이 많았기 때문에 내부에서 혁신조직을 만들어 기업가를 양성해 보자고 생각했다.

그래서 탄생한 것이 '아메바' 조직으로 불리는 작은 독립채산제 그룹이다. 아메바는 각각의 작은 벤처기업 같은 것으로 이곳을 중심으로 활동하는 리더가 한 사람씩 있다. 아메바는 통상 비즈니스 운영에 필요한 모든 물품을 사외 또는 다른 아메바에서 구입하는데 제품과 서비스를 다른 아메바와 외부의 고객에게 팔아 이익을 얻는다. 각각의 아메바는 리더와 정열을 서로 나누며 아메바의 노동시간당 평균 부가가치를 나타내는 '시간당 채산성'이라는 지표에 의해 평가된다. 몇 개의 아메바가 모여서 큰 아메바를 만들고 그 아메바가 또 다른 아메바와 합쳐서 대형 아메바 조직을 구성한다. 이른바 교세라 그룹 전체가 전 세계에 흩어져 있는 아메바로 이루어진 하나의 초대형 아메바가 되는 셈이다.

> 경영자는 팀 리더가 구성원에게 동기를 불러일으킬 수 있도록, 회사 전체에 열정을 불어넣는 존재이다.

정열 | Q&A

〈이나모리 가즈오에게 묻다〉는 이나모리 가즈오가 1990년 미국의 전자부품 메이커 AVX사를 매입했을 당시 현지 간부들과 함께한 3회의 세미나에서 질의 응답한 내용을 정리한 것입니다.

Q 왜 정열 PASSION 이 가장 중요한가?

A
정열만이 잠재의식 속에 감춰진 놀라운 힘을 이끌어낼 수 있는 열쇠가 되기 때문이다. 통상 보통사람이 현재의식을 가지고 천재와 경쟁하는 것은 매우 어려운 일이다. 잠재의식이 현재의식에 비해 몇 배 더 월등한 힘을 발휘한다는 사실에는 대부분의 심리학자가 동의하고 있다. 창업 경험이 전혀 없는 상태에서 설립한 교세라 같은 작은 회사가 비범한 능력을 소유한 천재를 채용한다는 것은 사실상 불가능에 가깝다. 그러나 평범한 사람이라도 자신 안에 숨겨진 잠재의식의 힘을 끌어낼 수만 있다면 기적을 만들 수 있다는 것을 교세라는 세상에 보여줬다고 생각한다.

Q 정열을 어떻게 적용할 수 있는가?

A
어떤 가장이 실직한 후에 어떤 수를 써서라도 가족 부양책을 찾아야만 한다고 가정해 보자. 예를 들어, 이동식 핫도그 장사를 시작하기로 결심했다면 당연히 이 장사를 통해 어떤 이익Profit을 기대할 것이다.

그러나 '다른 일을 찾을 수 없기 때문에 할 수 없이 이 일을 한다'는 패배의식과 비참한 태도에 사로잡혀 있어서는 성공할 수 없다. 어떤 일을 하든 자기 자신과 가족들에게 보다 큰 꿈과 희망을 줄 수 있는 야망Ambition을 품어야만 한다. 소중한 꿈과 밝은 희망을 품고 장래에 하나의 독립된 회사를 경영하는 당당한 기업가로서의 자신을 꿈꿔야 한다. 가족이나 친구들과 자신의 비전을 함께 나누고 지금 자신이 왜 이 사업에 전력을 다하는지, 그것이 무슨 가치가 있는지 설명해야 한다. 꿈꾸는 것을 두려워하지 말고 더욱 대담하게 실천해야 한다. 큰 꿈이든, 작은 꿈이든 꿈을 좇는 것은 결코 죄악이 아니다. 한 가지 반드시 기억해야 할 것은 그 꿈이 자신과 주변 사람, 더 나아가 속해 있는 회사니 집단에 유익한 것인시의 문제이다.

또 중요한 것은 성실함Sincerity을 갖추는 일이다. 타인에게는 물론이고 무엇보다 자기 자신에게 충실해야 한다. 객관적이면서도 현실적인 사람이 되기 위해서는 반드시 성실함을 갖춰야만 한다. 자신의 꿈을 머릿속에 그리며 상상을 구체화하는 단계에서는 지극히 현실적이어야 하며, 구체적으로 실현 가능한 목적과 목표를 설정하면서 머릿속으로는 목표를 달성해 가는 과정을 생각해야만 한다.

영업을 위한 차량을 구입해서 핫도그 장사를 위해 개조하는 방법을 강구하거나 핫도그 조리를 위한 프로판 가스레인지를 설치하고 청량음료 보관대도 설치한다. 그리고 핫도그가 가장 많이 팔릴 만한 장소를 찾고 어떻게 자리를 잡아 영업하는 게 좋을지 미리 생각해 둔다. '젊은이가 많은 대학가 근처라면 장사가 잘 되지 않을까? 배고픈 작업 인부가 많은 건설현장은 어떨까? 간단한 요기꺼리를 찾는 점심 손님을 겨냥해서 판매 전략을 세워볼까?' 등등 여러 가지 가정을 세워본 후에 실제로 염두에 둔 장소로 이동하면서 교통량을 체크하고 주변지역을 분석하고 조사해 둔다.

또, 미리 발생할 문제와 애로사항을 생각해 두어야 한다. '비 오는 날에는 어떤 준비가 필요할까? 갑자기 차가 고장 나거나 핫도그에 대한 평가가 좋지 않을 때는? 주말과 휴일의 판매 전략은 어떻게 달라야 할까? 준비한 재료가 떨어지거나 식재료 납품을 받지 못할 때는 어떻게 해야 할까? 새로운 경쟁 상대가 나타났다면?' 등등 실제로 일어날 수 있는 수많은 문제에 대해 해결책을 미리 찾고 대비해야만 나중에 실제로 문제에 직면할 때 잘 대처해 나갈 수 있는 진정한 힘Strength으로 발현되어 용기를 북돋아주게 된다. 이렇듯 최악의 상황에도 적절하게 대처하면서 매상을 올릴 수 있는 창의적 혁신Innovation 방법도 밤낮으로 연구해야만 한다. 최대한 가장 좋은 방법을 연구하는 것은 당연하다. 그리고 그 결과를 평상시 머릿속에 잘 정리해 두면 실제상황이 발생했을 때 다방면에서 유용하게 쓸 수 있다. 이렇게 밤낮없이 몇 달이 걸리더라도 충분한 준비와 연습을 계속하면 하루에 핫도그가 얼마나 팔릴지, 매상은 어느 정도 올라갈지, 순이익은 얼마나 나올지, 지출의 규모는 어떻게 될지 등등 여러 가지 요소들이 눈에 들어오기 시작한다. 비 오는 날과 휴일에는 매상이 줄어들 것을 예상하고 이익을 계산해 보는 것도 좋다. 이렇게 여러 가지 상황과 경우에 대비한 상상연습을 계속하다 보면 실제 판매상황 같은 감각이 생겨난다.

마치 영화를 보고 있는 것처럼 판매상황과 실적이 눈앞에 확실히 떠오르게 된다. 자신의 훈련정도에 따라 상상연습은 실제상황처럼 다가오는데 '이 계획은 성공한다'는 확신이 점차 가슴 속에서 퍼져 나오는 것을 느낄 수 있을 것이다. 이렇게 되면, 모든 계획에 대해 적극적 사고 Optimism를 할 수 있게 된다. 자, 이제 사업을 시작할 준비는 끝났다. 이 단계까지 왔다면 거의 틀림없이 사업은 성공한다. 일단 판매를 시작했다면 성공할 때까지 굳은 결의나 끈기보다 더 확실하게 '결코 포기하지 않는다 Never give up'는 비장한 결심을 해야 한다.

지금까지 단순히 핫도그 판매 사업의 예를 들어 설명했지만 자신이 꼭 하고 싶은 분야나 상품을 대입해서 적용하면 같은 결과를 얻을 수 있을 것이다.

Q 7가지 필수 경영조건의 이니셜을 조합해서 만든 '정열 PASSION'이라는 단어는 어떻게 만들어졌나?

A
회사가 성장함에 따라, 신뢰할 만한 이들 중에서 수천 명의 사원들을 책임감 있게 관리할 중간관리자를 뽑을 필요가 생겼고 그들이 어떻게 해서든지 새롭고 중요한 직책에서 성공할 수 있게 도와야만 했다. 관리자가 훌륭하게 책임을 다하지 못하면 부하직원들이 고생하게 된다. 그들에게 내 자신의 경영철학을 이해시키고 어떤 상황에서도 적절히 대처하고 행동할 수 있게 할 수 있는 하나의 기준이 필요했다.

내가 가장 중요하게 생각하는 7가지 원칙들 중 첫 머리글자를 조합하면 PASSION이 된다. 'PASSION 정열'은 내가 가장 중요하게 생각하는 7가지 원칙들의 첫 글자 조합이고 Profit 이익, Ambition 야망, Sincerity 성실함, Strength 진정한 힘, Innovation 창의적 혁신, Optimism 적극적 사고, Never give up 결코 포기 하지 않음 은 내 경영철학의 핵심적인 7가지 원칙이다.

이익 Profit
**뛰어난 경영자는 고객에게
만족할 만한 이익을 줄 수 있는 사람이다**

이익은 좇아야 할 것이 아니라 노력의 결과로 얻어지는 것이다

❶ 어떤 기업에 있어서나 수입을 최대한 늘리고 지출을 최소화하는 것은 성공의 기본이다.

❷ 이익을 좇아가서는 안 된다. 수입을 최대한 늘리고 지출을 최소화하는 노력을 멈추지 않는다면 이익은 자연스럽게 증가한다. 즉, 이익은 꾸준하게 노력해야만 얻을 수 있는 것이다.

❸ 이익에 대해 너무 단순하게 생각했다고 여길 수도 있지만 그 단순함에 깊은 철학이 있다. 기업은 경영자의 경영철학과 의도하는 방향으로 성장한다. 경영자는 깜짝 놀랄 만한 의지의 힘과 상상력으로 수입을 최대한 늘리고 지출을 최소화해야 한다. 다시 말해 경영자는 강력하고 확실한 의지에서 나오는 미래 청사진을 명확히 제시할 수 있어야 한다.

구성원에게 행복을 준다

교세라를 창업하고 1년이 지나자 점차 내 뜻과 상관없이 엄청난 일이 벌어지고 있다는 사실을 깨달았다. 처음에는 단지 우리의 기술을 세상에 알리고 싶어서 회사를 시작했지만 미처 생각하지 못한 문제가 많았다. 젊은 사원들은 자신의 미래를 회사가 보장해 줄 것을 요구해 왔다.

이때부터 나는 '기업이란 무엇인가?'라는 질문에 대해 심각한 고민을 하게 되었다. 그때 나의 생각은 '내 자신 역시 내 가족에 대한 생활보장조차 확신할 수 없는 존재인데 타인의 미래에 대한 그 어떤 보장도 확실히 약속해 줄 수 없다'는 것이었다. 그래도 사원들은 자신의 장래와 가족들의 생계를 완전히 회사에 맡기고 있었기 때문에 평생직장을 꿈꾸며 훌륭하게 근무하는 사원들의 기대를 저버릴 수가 없었다. 이후, 나는 교세라의 경영방침을 바꾸기로 했다. 우리의 기술을 세상에 알리는 일보다 회사 구성원들의 생활을 최우선으로 여기는 방침으로 전환했다. 회사는 물심양면으로 구성원의 행복을 위해 노력해야만 한다. 그 터전 위에서 회사는 힘을 모아 인류의 행복과 사회발전에 공헌해야만 한다. 이것이 우리 회사에서 가장 중요하게 생각하는 '기업목표'가 되었다.

> 교세라의 경영이념은 '전체 구성원에게 물심양면으로 행복을 주며 동시에 인류의 행복과 사회발전에 공헌하는 것'이다.

2 공명정대하게 이윤을 추구한다

  경영자는 기업과 사원만을 위해 이익을 추구해서는 안 된다. 이익을 추구하는 것은 부끄러운 일이 아니며 자유주의 시장경제 체제에서 당당하게 경쟁을 통해 얻은 이익은 정당한 것이다. 생산과정을 최대한 합리화하고 조금이라도 부가가치가 높은 제품을 고객이 만족할 만한 가격에 공급해야 한다. 또, 경영자와 사원의 피와 땀으로 얻은 이익이기 때문에 자랑스럽게 여겨야 한다.

  하지만, 절대로 돈의 노예가 되어 이익만을 추구해서는 안 된다. 우리는 이익만 좇는 비즈니스 욕망에 절대로 굴복해서는 안 된다. 올바른 방법으로 이익을 추구하고 고객이 원하는 질 높은 제품을 공급하기 위해서 최선을 다해 일하며 공명정대하게 이익을 얻어야 한다. 일확천금을 노리고 비열한 수단을 쓸 생각은 꿈에서라도 하지 말아야 한다.

  한 예로, 석유파동 위기 때 이것을 하늘이 주신 기회

로 여겨 상품출하를 미루고 가격을 올려 이윤을 꾀한 기업도 있었다. 하지만 이렇게 상도를 저버리고 부당한 이득을 챙긴 기업가는 오래가지 않아 고객의 신뢰를 잃어버렸고 기업의 이미지는 곧 실추되었다.

> 자유주의 시장경제 체제에서 얻은 이익은 사회발전에 기여한 사람에게 주는 보상과도 같은 것이다.

▤ 비즈니스의 본질을 잊지 않는다

사회가 발전해 감에 따라 예전부터 전해 내려오는 진리는 복잡한 사회현상 속에 묻히고 말았다. 제1차 석유파동 직전 일본에서는 '일본열도 개조론' 때문에 부동산 투자 붐이 일어나서 땅값 오름세의 큰 시세차익을 기대하고 많은 회사가 경쟁적으로 토지를 매입했다. 이런 분위기 속에서 주거래 은행은 교세라가 중요한 단골거래처라며 고맙게도 더 큰 수익을 올릴 수 있는 좋은 부동산에 대한 투자제안을 해주었다.

그러나 나는 "우리 회사의 비즈니스는 부동산 투자가 아닙니다. 우리는 제품을 만들어 부가가치를 높여서 이익을 내는 회사로 앞으로도 계속 이 방식을 고집해 나갈 것입니다"라고 정중히 거절했다. 이후 석유파동이 시작됐을 때 많은 회사들이 거액의 현금을 토지에 투자해 유동자금이 부족해져 어려움을 겪었지만 교세라는 자금의 유동성이 풍부했기 때문에 공장과 설비에 대한 재투자가 가능했다.

이러한 상황에서 각계에서 '교세라의 위기관리 능력은 최고'라는 평가를 받았고 나는 '선견지명이 있는 훌륭한 경영자'라는 칭송을 받았다. 물론 미래를 예측할 수 있는 사람이란 없다. 많은 사람들이 현상만 주목하고 있을 때, 나는 단순히 비즈니스의 본질이라고 믿고 있는 원리원칙을 충실히 따르고 있었을 뿐이다.

> 기업을 경영할 때, 회사가 추구하는 비즈니스의 본질이 무엇인지 결코 잊어서는 안 된다.

고객을 기쁘게 해준다

　식상하게 들릴 수도 있지만 비즈니스에서 이익을 증대시키는 방법은 오직 고객에게 기쁨을 주는 것밖에 없다. 그러나 이와는 달리 '이익'의 본래 의미를 오해하고 이기적으로 조직의 이익만을 위해 비즈니스를 시도하는 회사도 있다. 다시 말하지만 이런 태도는 절대 가져서는 안 된다. 비즈니스의 기본은 고객에게 기쁨을 주는 것이기 때문이다.

　고객에게 기쁨을 주는 것은 물론 서로 신뢰감을 가지고 있는 동료들과도 기쁨을 함께 나누어야 한다. 납품 기한에 맞추기 위해 최선의 노력을 다하는 것은 고객이 필요할 때 언제든지 살 수 있도록 하기 위함이자 고객의 기대에 부응하고자 하는 노력이다. 한 걸음 더 나아가, 이것은 고객의 기대를 넘어 최고의 제품을 만들어 내고자 하는 필사적인 노력이기도 하다. 우리는 고객에게 보다 많은 혜택을 주기 위해 신제품 개발을 계속해야 하며 비즈니스에서 이루어지는 모든 행동은 '고객에게 기쁨을 준다'는 기본원칙에 충실해야 한다. 위대한 기업을 경영할 수 있는 사람은 고객에게 보다 많은 혜택을 줄 수 있는 사람이다. 이런 사람이야말로 회사에 보다 많은 이익을 안겨다줄 수 있다.

> 자신의 이익만을 생각하는 사람은 결과적으로 비즈니스에서 성공하지 못한다. 왜냐하면, 주인에게 기쁨과 이익을 주기 위해 상점을 찾는 고객은 없기 때문이다.

가격결정이 진짜 경영이다

나는 사원들에게 자주 '가격을 결정하는 것이야말로 진짜 경영'이라고 이야기하곤 한다.

일반적으로 시장에서 경쟁력을 갖추기 위해서는 제품의 가격이 시장 가격보다 다소 아래에서 정해져야 한다고 알려져 있지만 박리다매를 할지, 시장 가격과 비슷하게 가격을 책정해서 판매량은 다소 줄어도 적정한 이윤을 확보할지 등등 가격을 결정할 때 고려해야 하는 선택의 폭은 매우 넓다. 이런 상황 속에서 매출액 대비 평균 이익률이 최대한 높아질 수 있도록 가격대를 설정해야 하는데 판매에 영향을 미치는 요인은 수없이 많기 때문에 해답은 그리 간단하게 나오지 않는다.

어느 정도 팔리고 얼마나 남을지를 예측하는 것은 대단히 어려운 작업으로, 결정된 가격은 판매에 중요한 영향을 미치기 때문에 최종적인 가격결정은 경영자가 할 수밖에 없다고 생각한다.

가격결정의 최종적인 목표는 '고객이 최대한 만족할 수 있는 최고의 가격'을 결정하는 일이다. 너무 비싸면 고객이 외면할 것이고 지나치게 싸면 고객의 입장에서는 좋은 일이지만 이윤이 너무 줄어들어 아무리 많이 팔아도 남는 게 없기 때문에 생산을 계속하기 어려워진다. 그러면 회사는 더 많은 이윤을 창출할 수 없게 될 것이다. 가격을 결정하는 것은 결국 경영자의 마인드이다. 경영자가 개방적이면 가격결정의 폭은 유동적으로 바뀔 수 있고 경영자가 신중하다면 가격정책은 보수적인 성향을 보이게 된다.

> 경영자의 능력과 경영철학이 반영된 가격결정은 기업의 이윤 창출에 중대한 영향을 미친다.

6 시장이 가격을 결정한다

나는 가격을 '원가+간접비+이익=가격'이라는 공식에 대입해서 결정하지 않는다. 시장에서 가격은 자유시장경제의 메커니즘인 '보이지 않는 손'에 의해 결정되지만 궁극적으로는 소비자가 최종 판매가격을 결정하기 때문에 기업은 제조원가를 최소한으로 억제하지 않으면 안 된다. 왜냐하면, 제조원가와 판매가격의 차이가 순이익의 기본 바탕이 되기 때문에 제조원가를 최소한으로 낮추려는 노력이 그대로 기업이익의 극대화로 연결된다.

제조원가를 최소한으로 억제하기 위해서는 '원재료비, 인건비, 간접비 등이 차지하는 이상적인 비율은 얼마인가?'라는 선입견과 상식을 모두 버리지 않으면 안 된다. 모든 부분을 상세하게 조사해서 불필요한 경비는 전부 줄여야 한다. 결정된 가격은 기업의 생존에 절대적인 영향을 미치기 때문에 가장 중요한 경영요소 중 하나라고 말할 수 있다. 우리는 시장이 요구하는 품질과 가격 경쟁력을 갖춘 제품을 가장 낮은 가격대로 제조하는 방법을 찾아내야만 한다. 이것이 '1전 절약하면 1전이 쌓인다'는 속담의 의미처럼 '가격결정이야말로 진짜 경영'이라고 내가 주장하는 이유이다.

> 비즈니스의 본질은 고객의 요구와 희망사항을 만족시키면서 최대한의 이윤을 창출하는 것이다.

7 매일 손익계산서를 만든다

한 기업의 경영자가 마치 도를 닦는 고승처럼 높은 곳에 앉아 사원을 내려다보는 고압적인 태도를 취하며 행동보다 말이 앞서고 있다면 그 사업은 실패할 수밖에 없다. 경영이라는 것은 매일 반복되는 성실한 경영활동이 차곡차곡 쌓여서 이루어지는 성공의 결정체라고 생각해야 한다. 대기업이나 중소기업도 마찬가지로 사업을 경영한다는 것은 날마다 숫자를 쌓아가는 것과 같기에 1일 지출액과 매출액의 정확한 분석 없이는 기업을 경영할 수 없다. 월간 이익은 하루하루의 사업결과가 쌓여서 만들어지는 것이지만 단지 월간 손익계산서에 의존해 기업을 경영하는 것도 불합리하다. 따라서 손익계산서는 매일 만들어야 한다는 생각으로 경영에 임해야 하며 매일 변하는 숫자에 주의를 기울이지 않고 사업을 한다는 것은 비행 중에 계기판도 보지 않고 비행기를 조종하는 것과 같다.

그러므로 매일 수시로 점검하지 않으면 자신이 어디를 날고 있는지, 어느 곳에 착륙할지 알 수 없게 되는데 기업을 경영할 때도 이와 마찬가지다. 매일 사업현황을 세심하게 관리하지 않으면 결코 원하는 목표치는 달성할 수 없다.

> 손익계산서는 경영자가 매일 이루어 낸 실패와 성공의 경영활동 성적표이다.

🟣 사심을 버리고 큰 이익을 생각한다

경영자라면 납부해야 할 세금이 마치 자신의 살을 도려내는 것처럼 고통스럽고, '피도 눈물도 없는 무자비한 것'이라고 생각할 수 있다. 아마도 이런 기분은 경영자밖에 모를 것이다. 이익의 일부가 외상거래이거나 현금화할 수 없는 상황에서도 세금은 현금으로 납부해야 한다. 회사의 돈이기 때문에 사원들은 아무렇지도 않게 생각할 수도 있지만 경영자는 자신의 은행계좌에서 돈이 빠져나가는 것 같은 기분이 들기 때문에 나쁜 일인 줄 알면서도 일부 경영자 중에는 세금을 납부하지 않기 위해서 얄팍한 편법을 동원하는 경우도 생긴다. 그러나 회사의 이윤은 오롯이 경영자의 것이 아니며 우리들이 내고 있는 세금은 공공의 목적과 발전을 위해서 사용되는 것이므로 이기적인 마음에 탈세를 목적으로 이윤을 감추어서는 안 된다.

이렇게 세금에 대한 반감으로 탈세의 유혹에 빠지지

않기 위해서는 이익을 객관적으로, 있는 그대로 볼 수 있어야만 한다. 이익을 사회가 회사의 공헌에 대해 주는 성적표와 같은 것이라고 생각할 수 있다면 보다 객관적인 태도를 가질 수 있고 이익에 대한 소유욕도 조절할 수 있다. 또 '세금을 납부하기 전에 발생한 이익은 이익으로 보지 않는다'는 시각도 필요하다. 세금은 사회공헌을 하기 위한 필요경비라고 생각하고 세금을 뺀 나머지 이익만이 우리들이 노력한 대가로 주어진 이익이라고 생각하는 것이다.

> 세금은 비즈니스 활동이 이루어지고 있는 사회를 지원하기 위한 필요경비라고 생각한다.

9 자기자본 비율을 조금씩 높인다

잘나가는 기업 경영자 중에는 일부러 이익을 줄이려고 하는 사람들이 있는데 결국 과세대상이 되는 수입을 줄이기 위해서 값비싼 접대비의 지출을 늘리거나 성과 없는 출장을 가는 등 불필요한 지출의 증가에 관심을 기울이고 있는 경우이다. 이익의 약 30% 정도가 세금으로 추징당하는 것은 사실이지만 나머지는 회사의 몫이 되기 때문에 기업경영의 본질적 측면에서 보면 세금 납부 후의 이익을 중요하게 생각해야 한다.

흔히들 대다수 일본기업의 자기자본 비율이 낮은 것은 일본의 세제 때문이라고 이야기하지만 나의 개인적인 생각으로는 그것은 오히려 경영자의 철학에 관한 문제라고 본다. 세금을 제외한 이익을 중요하게 생각하는 것은 내부 유보율과 자기자본 비율을 높이며 기업의 재무 건전성을 확보하고 강화할 수 있는 유일한 방법이다. 나는 세금을 필요한 사업경비의 일부로 인식하고 세금을 뺀 나머지 이익을 꾸준히 축적했기 때문에 재무 안정성과 자금 유동성을 확보했고 높은 수준의 내부 유보율도 유지할 수 있었다. 이러한 강점을 기반으로 교세라는 신규 사업에 성공적으로 진입했고 직원들에게는 새로운 일에 도전할 수 있는 기회를 만들어 줄 수 있었다.

> 아무리 많은 세금을 납부한다고 해도 수익성을 개선하고자 하는 노력은 지속해야 한다.

10 공유할 수 있는 목표를 설정한다

 나는 연간 마스터플랜을 계획할 때 일부러 내 자신이나 사원들이 너무 손쉽게 달성할 수 있는 낮은 목표를 설정하는 일이 없도록 요구한다. 오히려 여러 분야에서 뭔가 해내고 싶은 강한 욕구와 야망이 있는, 보다 높은 꿈을 품기를 바라며 항상 모든 사람들에게 "뭐든지 할 수 있다고 호언장담하며 그것을 실현하라"고 말한다. 설령 목표를 달성하지 못한다고 해도 최종결과만을 보고 문제를 삼지는 않지만, 그렇다고 해서 목표를 달성하지 않아도 좋다는 뜻은 아니다. 그 이유는 해마다 설정하는 마스터플랜을 달성하지 못하면 구성원들은 목표에 도달하기 위한 자신감을 잃고 진정한 능력을 발휘하지 못하기 때문이다.

 목표를 달성하는 것은 무척 중요한 일인데 목표를 달성하기 위해서는 구성원 전원이 그 목표를 공유하지 않으면 안 된다. 혹시라도 경영자 혼자서 목표를 달성하려

한다면 그것은 이미 실패한 것이나 다름없다. 어떤 목표를 이루기 위해서는 사장부터 말단조직까지 각각의 목표를 가질 수 있도록 회사의 조직을 만들어야 하며 연간 마스터플랜을 보다 명확히 하고 의욕과 열정을 불러일으킬 수 있도록 월 단위 목표도 설정해야만 한다. 그리고 각자가 자신의 역할에 맞는 임무를 완수하기 위해서 최선을 다해 노력해야 한다. 그렇게 해서 각 조직이 설정한 목표도 이루고 결과적으로 공통된 우리 모두의 목표도 달성할 수 있는 것이다.

> 연간 마스터플랜은 모든 구성원이 공유하며 달성하고 싶은 목표로 만들어야 한다.

11 경쟁의 한가운데서 싸운다

나는 언제나 "경쟁의 한가운데서 싸워라"라고 말하곤 한다. 경쟁에서 밀려 낙오될 때까지 기다리지 말고 조금이라도 여유가 있을 때 준비하고 행동으로 옮겨야 한다는 의미이다.

누구나 시험 전 날 '벼락치기 공부'를 했던 경험이 있을 것이다. 그때는 대개 시간에 쫓겨서 절망적인 심정으로 시험을 볼 수밖에 없다. 시험일정은 사전에 미리 공지되기 때문에 좋은 성적을 내고 싶다면 좀 더 일찍부터 준비를 시작해야만 한다. 하지만 대부분의 사람들은 그렇게 하지 못한다. 종종 스모 경기에서도 발이 씨름판 가장자리로 밀려나가 당장이라도 몸이 밖으로 날아갈 지경에 이르를 때까지 아무것도 하지 않는 선수들이 있다.

이미 승패는 기울었지만 그때 가서야 비로소 싸움을 하기 시작하는 격이다. 나는 이런 광경을 보면서 "어째서 저 선수는 씨름판 한가운데에 있을 때 죽을힘을 다해서 싸우지 않는 것인가?" 하며 의아하게 생각했다.

비즈니스에 있어서도 마찬가지다. 씨름판의 한가운데에 있을 때에는 뭔가 준비하고 행동하는 데 충분한 시간과 여유가 있기 때문에 긴장을 늦추고 있다가 발이 씨름판 가장자리까지 밀리고 나서야 당황해서 허둥지둥 한다. 실제로 일이 눈앞에 닥치면 시간적 여유가 전혀 없기 때문에 어찌할 바를 모르게 된다. 조금이라도 미리 준비할 수 있을 때 젖 먹던 힘까지 다해 경쟁의 한가운데서 치열하게 싸워야만 한다.

> 안정적인 사업의 비결은 충분히 여유가 있을 때 위기감을 갖고 미리 준비하며 행동하는 것이다.

12 개인보다 회사를 먼저 생각한다

나는 기업의 경영자로서 회사의 이익과 개인적인 이익 사이에서 선택을 강요받곤 한다. 그러나 경영자는 항상 자신의 가치관을 높은 곳에 두고 어떤 경우라도 회사의 이익을 우선하지 않으면 안 된다.

예를 들어, 주식시장에 주식을 상장할 때에는 두 가지 방법이 있다. 회사는 현재의 주주가 소유하고 있는 주식을 상장할 수도 있고 신주를 발행해서 주식시장에 진입할 수도 있다. 전자는 경영자와 주식을 소유한 주주들에게 프리미엄이 돌아가기 때문에 주식을 가지고 있는 사람들에게는 엄청난 이익을 안겨다 준다.

그러나 신주를 발행할 때 발생하는 프리미엄은 대부분 회사의 몫이 된다. 교세라를 상장할 때, 나는 주저함 없이 신주발행을 결정했다. 사원들은 나의 파트너이고 그들은 자기 자신과 가족의 미래를 전부 회사에 걸고 있다. 주식 프리미엄이 회사에 들어오면 자본 기반이 더

튼튼해지고 재무 건전성은 안정되어 직원들은 더욱 더 마음 편하게 마음 놓고 회사생활에 전념할 수 있겠다고 생각했던 것이다.

> 개인 이익과 집단 이익 사이에서 선택을 강요받을 때는 망설임 없이 조직의 이익을 우선해야만 한다. 이것은 기본적으로 리더가 지켜야 할 도덕적 의무이다.

19 호경기에 불경기를 대비한다

불경기의 파도가 덮쳐오면 기업 경영자는 정부가 해결책을 제시해 주기를 기대한다. 정부의 재정지출 증가와 감세, 금리 인하 등을 요구하는 것이다. 이처럼 어려움이 닥쳐오면 경영자들은 저마다 나름대로의 변명을 들어 한마디씩 하는데 동전의 양면처럼 실제로 경기가 좋을 때도 있고 나쁠 때도 있지만 언제나 상승국면이 계속되거나 하강이 지속된다는 뜻은 아니다.

일본도 지금까지 몇 번이나 여러 가지 불경기의 상황을 반복해 왔고 정도의 차이는 있겠지만 언제나 현재상황은 다음 경기주기를 대비하는 발판이 되어 왔다. 일본 경제는 지금까지 상승기를 계속 유지해 왔다. 그 결과, 대부분의 일본 경영자들은 앞으로도 계속해서 경제는 성장을 이어갈 것이라고 굳게 믿게 된 것이다.

유감스럽게도 오늘날의 많은 경영자들은 이런 기본적인 원칙을 무시하고 불경기 때는 움츠려 들고 경기부양을 정부에만 의존하거나 하늘의 뜻에 맡겨버린다. 경영은 '관리한다'는 의미다. 이는 곧 경기가 좋을 때 불경기를 대비해서 모든 것을 관리한다는 의미인 것이다.

> 모든 경제의 가장 기본적인 사실은 경기는 순환한다는 것이다. 경기 상황과 상관없이 경영자의 기본원칙은 앞으로 다가올 상황을 대비해서 항상 준비하는 자세를 갖추는 것이다.

14 거품경제에서 교훈을 얻는다

당연한 일이지만, 비즈니스에 있어서도 호경기와 불경기의 상황은 반복된다. 경기가 곤두박질칠 때 겪게 되는 쓰라린 경험은 사실상 경영자에게는 좋은 약이 된다. 경기가 좋을 때일수록 신중한 경영관리에 힘써야 한다든지 만일 최악의 상황이 닥쳐도 살아남을 수 있도록 미리 충분한 준비를 해두어야 한다는 교훈을 가르쳐 주는 것이다. 그렇지만 소위 말하는 일본의 '거품경제'가 한창일 때에는 누구나 그저 땅과 주식에만 투자해도 손쉽게 부자가 될 수 있었다. 몇 억에 이르는 대출금 정도는 신경도 쓰지 않았고, 엄청난 액수의 금액이 너무도 간단하게 여기저기서 거품처럼 부풀어 올랐다.

그러나 당시의 이런 상황에 대하여 그 누구도 사태의 심각성에 경종을 울리거나 위험성을 경고하려고 하지 않았다. 이런 분위기 속에서 돈은 넘쳐났고 거품을 걱정하는 사람이 아무도 없는 상황에서 모두 다 팔짱을 낀

채 지켜보고만 있었다. 그런데 갑자기 거품이 꺼지기 시작하고 첫 번째 손실이 발생한 순간, 모두가 공황상태에 빠져버렸다. 이와 같은 심리가 주식시장의 '손실보상' 스캔들로 이어졌다. 당시 기업은 많은 돈을 증권사에 위탁해 두는 것만으로도 높은 수익을 올리고 있었지만, 일단 주가가 떨어져 손실이 발생하기 시작하자 기업은 뻔뻔스럽게도 증권사에 배상을 요구하고 급기야는 돈을 받아냈다.

> 주식시장에도 상승기와 하락기가 있는 것처럼 경제에도 기본원리가 있는데 사람들은 이런 원리원칙을 쉽게 잊고 중요한 기본원칙을 무시하는 경향이 강하다.

이익 Q&A

Q 뛰어난 경영의 비결은 무엇인가?

A 회사경영을 간단히 정의하면 상품매출을 최대화하고 소요경비를 최소화하는 것이라고 이해하면 된다. 복잡한 것은 아무것도 없다. 특히 경기가 안 좋을 때는 매출을 최대한 늘리고 경비를 최소한 억제해야 조금이라도 수익이 늘어난다는 가장 간단한 원칙에 기초해서 회사를 경영하는 것이 매우 중요하다.

Q '경쟁의 한가운데서 싸운다'는 말의 의미에 맞는 구체적인 예는 어떤 것이 있는가?

A 경쟁의 한가운데서 싸운다는 것은 대충 어느 정도면 좋다가 아니라 압도적으로 앞서 나가 적극적으로 주도하는 것이다. 유동성 자금을 충분하게 확보하는 것이 한 예가 될 수 있다. 비즈니스 찬스를 잡으려고 한다면 재빠르게 행동해야 한다. 이익을 남겨서 여유자금을 만들어 둘 필요가 있는데 내가 처음 NTT 일본전신전화에 대항해서 일본 제2전신전

화KDDI를 설립했을 때 적어도 초기자금으로 1,000억 엔이 필요했다. 일본의 주요 기업들 중 어떤 곳도 그런 엄청난 자금을 투자하려고 하지 않았다. 당시 교세라는 약 1,500억 엔의 자금을 은행에 예치해 두고 있었기 때문에, 내가 KDDI 구상을 교세라 임원진에게 이야기했을 때 그들은 설사 1,000억 엔을 손해 봐도 아직 500억 엔이 남아 있으므로 교세라를 경영해 나가는 데는 아무 문제가 없다고 말했다. 이것이 내가 KDDI를 시작할 수 있었던 가장 큰 힘이 되어 주었다. 만약 여유자금이 없었다면 이렇게 큰 대형 프로젝트를 추진하지는 못했을 것이다. '경쟁의 한가운데서 싸운다'는 말은 이와 같은 의미이다.

Q 가격은 언제나 최고경영자가 결정해야만 하는가?

A 일단 사업이 궤도에 오르면 가격결정은 실무자에게 일임하는 것이 좋다. 가격정책의 결정권은 최고경영자가 맡아야 하지만, 가이드라인이 정해지면 실제 가격의 결정은 실무자가 하는 것이 좋다.

Q 잘못 결정된 가격에서 발생한 손해를 열심히 노력하면 만회할 수 있는가?

A 새로운 가격할인점이 개장하고 나면 많은 손님들이 매일 구름같이 몰려드는 광경은 누구나 한 번쯤 보게 된다. 그러나 얼마 지나지 않아 그 할인점이 부도로 도산했다는 뉴스가 흘러나온다. 이것은 무리한 가격정책의 좋은 실패 예이다. 가격정책이 잘못되었다면 온갖 수단과 방법을 동원해서 아무리 노력해도, 결코 사업을 성공적으로 이끌 수 없다.

Q 가격경쟁에서 이기기 위해서는 항상 시장가격보다 낮은 가격으로 승부해야 하는가?

A 만약 어떤 제품의 품질이 우수하다면 거기에 합당한 가격이 매겨져야 한다. 품질과 성능 면에서 경쟁력이 없다면 가격이라도 싸야 하는데 오히려 더 비싸다면 더 이상 고객은 그 제품을 찾지 않을 것이다. 올바른 가격결정은 자신의 이익을 위해서 타인에게 손해를 입히거나 속이는 것이 아니며 시장의 자유법칙에 맡기고 오직 고객의 무한만족과 가장 좋은 품질을 제값에 판다는 생산자의 상도에 따라 이루어져야 한다.

Q 아메바 시스템에서는 각 아메바가 자신들의 이익에만 몰두해 너무 이기적이 되지는 않나?

A 경영자는 최소의 이익 센터인 각 아메바의 손익계산서만 보아서는 안 된다. 예를 들어, 교세라에는 각 사업부문과 회사단위, 좀 더 통합된 세계적 규모의 손익계산서가 있다. 사업본부의 각 사업부문은 손익계산서를 만들지만 거기에는 각 아메바가 달성한 총부가가치 및 노동시간당 평균 부가가치인 '시간당 채산성'이 기재된다. 또 사업본부는 각 아메바의 실적을 종합한 회사전체의 '시간당 채산성표'가 포함된 손익계산서를 만든다. 그리고 전 세계 각 지역의 보고서가 만들어진다. 최종적으로 교세라 그룹전체의 종합보고서가 완성되는 것이다. 만일 어떤 한 아메바가 이기적인 이유로 다른 아메바에게 손해를 입혔다면 그것은 곧바로 그 아메바가 소속된 조직전체에 악영향을 준다. 그렇게 되면 상위 그룹 아메바의 책임자가 즉시 그것을 해결하기 위한 대책을 수립해 추진해야 한다.

Q 교세라의 '시간당 채산성'의 평가시스템은 아메바 경영에 있어서 꼭 필요한 것인가?

A 반드시 필요하다고는 말할 수 없다. 수익과 경비에 대한 기록을 남겨두기 때문에 각 아메바에 해당하는 표준적인 손익계산서라고 봐도 무방할 것이다. 사실상 '시간당 채산성'은 손익계산서와 같은 기능을 한다. 아메바의 규모가 다를 경우에는 손익계산서를 사용해 두 집단을 비교하기 어렵기 때문에 '시간당 채산성'으로 비교하면 좋다. 시간당 채산성이 100달러인 아메바는 위치와 구성원의 수에 관계없이 시간당 채산성이 10달러밖에 되지 않는 아메바보다 훨씬 좋은 성과를 내고 있다는 것은 누구나 쉽게 알 수 있다.

Q 미국에서는 조직분화에 따르는 간접비가 증가하기 쉽다. 교세라의 '시간당 채산제도'를 미국에서 적용하면 많은 비용이 들지 않겠나?

A 미국뿐만 아니라 일본 국내에서도 거의 대부분의 경영자들이 그런 생각에 빠져 있다. 모든 아메바의 수익과 지출에 대한 기록을 남기는 것은 경비가 지나치게 든다고 말한다. 시시콜콜 세세한 것까지 기록을 남기는 것처럼 귀찮은 일

이 없으며 총합계만 내도 충분하다는 의견이다. 당연한 일이지만, 만일 '시간당 채산제도'에 과다한 간접비가 들어간다면 본래 의도한 목적에서 상당히 벗어난 것으로 다시 한번 생각해 봐야 할 것이다. 하지만 일반적으로 많이 활용하는 총합계만 낸다고 해도 실제로는 어떤 제품이 어느 라인에서 제조되었는지 등에 관한 통계치는 알 수 없기 때문에 당연히 별도의 종합 통계치는 필요하다. 이런 통계치를 얻기 위해서는 역시 각 파트에서 근무하는 사람들이 매일 자신의 업무를 기록하고 제출해야 한다. 교세라는 이러한 데이터를 별도의 '시간당 채산성'으로 계산해 사용하고 있으며 매월, 때에 따라서는 매주 보고서를 제출받고 있어서 '시간당 채산체도'에는 과다한 간접비가 들지 않는다.

Q 만족할 만한 성과를 올리지 못한 아메바는 어떻게 하나?

A 상황에 따라 다르지만 만약 기술부족이 원인이라면 기술을 도입해 아메바의 약점을 보완하는 방식으로 도와줄 수 있을 것이다. 또 리더에게 문제가 있다면 새로운 리더로 교체한다. 또한 해당 아메바에 어울리지 않는 리더가 있다면 자리를 조정해 준다. 각 아메바는 자신들이 설정한 목표에 대

해 냉정히 평가받는다. 사업을 독립적으로 운영할 권한과 함께 그 계획을 차질 없이 수행할 책임도 있는 것이다.

Q 목표를 너무 높게 설정하면 구성원들의 사기가 저하되지는 않나?

A 100여 년 전, 미국의 교육자 윌리엄 스미스 클라크William Smith Clark 박사가 삿포로 농업학교현 홋카이도대학의 설립을 지원해주었을 때 학생들에게 해준 "젊은이여! 큰 꿈을 품어라!Boys, be ambitious"는 말을 기억하고 싶다. 예를 들어, 어떤 일에 대해서 100% 달성능력이 있는데 능력의 90%만 사용해도 달성 가능한 목표를 설정하는 사람은 최선의 노력을 다하지 않고 보다 쉽게 성공하는 방법만을 좇는 보수적인 사고방식으로 흐르기 쉽고 새로운 목표를 설정할 때마다 점점 더 달성하기 쉬운 목표만을 찾을 것이다. 반대로 자기의 능력을 넘어서 100% 이상의 힘을 쏟아야만 달성 가능한 목표를 설정해 성공한다면 다음 목표는 더 크고 높은 것으로 정하는 진취적인 사람이 될 것이다.

이런 태도는 성장에 가속도를 붙인다. 물론 터무니 없이 불가능한 목표를 설정하면 구성원들의 사기가 꺾이는 것은 당연하다. 그러므로, 보다 큰 목표를 이룰 수 있다는 자신감이 생기고 의욕적으로 노력하면 다음 단계로 쉽게 넘어갈 수 있게 목표를 세분화하고 구체화해야 한다. 꾸준하게 보다 큰 목표를 설정해서 하나씩 차근차근 달성해 나가고 있는 사람과 너무 무리한 목표 때문에 심한 스트레스를 받으며 마음고생을 하고 있는 사람, 의욕적인 목표가 아예 없는 사람의 10년, 20년, 30년 후의 모습은 엄청나게 큰 차이가 날 것이다.

야망 Ambition
**성공하기 위해서는 잠재의식을
움직일 만큼 강한 야망을 품어야 한다**

불타오르는 강렬한 야망을 품는다

❶ 불타오르는 강렬한 야망을 품고 있으면 이것이 잠재의식의 일부가 된다.

❷ 경영자는 회사를 어떻게 경영해 나갈지에 대한 명확한 비전을 가지고 있어야 한다. 어떤 무엇을 이루고 싶다는 단순한 꿈만으로는 불충분하다. 더욱 더 강렬한 야망과 명확한 비전을 잠재의식의 일부로 만들어야 한다. 진정한 야망은 구체적이고 숭고한 목표, 선한 동기, 밝은 이상으로 가득 차 있어야 한다.

❸ 잠재의식을 움직일 정도의 강렬한 야망을 가지고 있음에도, 환경이 급변해서 경영에 악영향을 미칠 수도 있다. 그렇다고 해서 어려운 상황을 변명거리로 삼아서는 안 된다. 어떤 어려움이 있어도 이런 것들을 극복해 낼 만한 강한 열의는 반드시 필요하다.

스스로를 불태워라

 물질에는 가연성, 불연성, 자연성의 세 가지 기본적인 성질이 있다. 가연성 물질은 불을 가까이 대면 타기 시작하고 불연성 물질은 불 속에 던져 넣어도 타지 않으며 자연성 물질은 스스로 불타오른다. 인간에게도 마찬가지로 똑같이 적용할 수 있다. 뭔가 가치 있는 것을 이루어내기 위해서는 자연성인 사람, 즉 스스로 알아서 일을 추진하는 사람이 되어야 한다. 왜냐하면 자연성 인간 속에는 꼭 필요한 기본적인 요소인 정열과 열의가 있기 때문이다. 불연성인 사람은 재능은 있을지 몰라도 허무함에 빠져 감수성이 부족하고 감정이 매말라 있어 능력이 출중해도 아무것도 이루어낼 수 없는 사람이며 가연성인 사람은 적어도 동기를 부여해 줄 사람이 주위에 있을 때는 자신도 생기가 넘치지만 그러한 사람 없이는 스스로 불타오르지 못한다.

 우리가 살아갈 때 가장 필요한 사람은 자연성인 사람

으로, 언제 어디서나 어떤 상황 속에서도 오직 자신의 에너지로 불타오를 수 있는 사람이다. 이런 사람은 자신도 불태우고 주변 사람들에게도 자신의 에너지를 나누어 줄 수 있다.

> 자기 정열의 불꽃을 통해 다른 사람도 불태워야 한다.

회오리의 중심이 된다

인간이 혼자서 할 수 있는 일에는 한계가 있다. 리더와 구성원 모두 어떤 일을 할 때나 인간관계를 맺을 때 주변 사람들과 협력하지 않으면 안 된다. 그러나 주변 사람들의 협력을 잘 이끌어내려면 우선 자신부터 적극성을 가지고 일을 추진해 나가야 한다. 이것이 '회오리의 중심이 된다'는 의미이다.

항상 긴장하고 깨어 있지 않으면 자신이 주체가 아닌 누군가 다른 사람이 이미 만들어 놓은 회오리의 바깥쪽에서 평생을 보내야만 하는 경우도 생긴다. 사회생활의 경우에도 여기저기에 굽이치는 회오리를 동반한 급류 같은 비즈니스 회오리가 수없이 도사리고 있다. 만일 자기 중심도 없이 이 주변을 멍하니 맴돌고만 있으면 회오리에 휩쓸려 빠져버리고 말 것이다.

스스로 자신의 회오리를 만들어 낼 수 있을 정도의 실력과 인격을 갖추고 주체적으로 일을 추진하는 적극성이 있어야만 성공적인 비즈니스 성과를 달성할 수 있고 인생에 있어서도 보람되고 참된 결과를 만들어 낼 수 있는 것이다.

> 진정한 일의 즐거움과 인생의 진면목을 맛보기 위해서는 회오리의 중심이 되어 주변 사람들을 끌어당길 정도의 적극적인 자세로 일을 추진해야 한다.

끊임없이 꿈꾸고 마음에 품는다

 나는 항상 어떤 일을 꿈꾸기 좋아하는 몽상가다. 나에게는 말도 안 되는 황당한 꿈을 꾸는 버릇이 있는데 날마다 밑도 끝도 없이 꿈꾸기를 즐기며 그 꿈속에서 상상의 나래를 활짝 펴곤 한다. 그렇다고 해서 그 꿈을 곧바로 실현하려는 것은 아니다. 단지 머릿속으로 끊임없이 꿈을 그리며 상상을 멈추지 않는다는 것이다.

 매일 가상현실을 머릿속에서 계속 만들어 가면 이러한 과정을 거쳐 꿈은 야망이 되어 간다. 일을 하지 않을 때에도 나는 이 야망을 항상 마음속에 품고 있기 때문에, 길을 걷고 있을 때에도 무언가 내 야망과 관계가 있을 것 같은 것은 인상적으로 강하게 눈에 들어온다. 언젠가 혼잡한 파티에서 내 꿈을 실현시키기 위해 무슨 수를 써서라도 만나보고 싶었던 한 인물이 갑자기 내 시선을 사로잡은 적도 있다.

 만일 내가 강렬한 야망을 품고 있지 않았다면 이와 같

은 일은 그냥 스쳐 지나가는 것에 불과했을지도 모른다. 목표가 없는 눈에는 제 아무리 놀라운 인생의 찬스가 찾아와도 절대 보이지 않는 법이다.

> 놀라운 찬스는 아주 평범하고 사소한 일상 속에 감추어져 있다. 기회는 강렬한 목표의식을 가진 사람들만이 발견할 수 있는 것이다.

◢ 무엇이든 할 수 있다고 마음속에 그려본다

 1960년대 중반 당시 일본에서 가장 존경받는 경영자 중 한 사람이었던 마쓰시타 고노스케 선생의 강연을 들을 기회가 있었다. 강연의 주제는 '댐식 경영'이었는데 선생은 청중을 향해서 '댐이 항상 일정한 수량을 유지하고 있는 것처럼 우리도 여유자금을 가지고 비즈니스에 임해야만 한다'고 강조했다. 질의응답 시간에 한 사람이 "선생님의 사고방식과 건전함은 존경받을 만한 것입니다만, 저에게는 전혀 여유자금이 없습니다. 이런 경우에는 어떻게 여유자금을 만들면 좋을까요?"라고 질문했다. 마쓰시타 선생은 자신도 그 질문에 대한 답을 알지 못한다며 다음과 같이 말했다.

 "그래도 우선 여유자금이 필요하다고 생각해야만 한다." 선생의 말이 정답은 되지 못한다고 생각한 청중들은 그냥 웃어 넘겼지만, 나는 그 말에 커다란 감명을 받았다. 내가 크게 깨달은 것은 어떤 일을 해도 제일 먼저 굳은 마음가짐이 있어야만 한다는 것이다. '이것이 가장 이상적이라는 것은 알고 있지만, 현실적으로 그것은 불가능해!'라는 마음가짐과 태도를 가지고 있다면 앞으로 아무것도 할 수 없을 것이다. 자기 자신조차 믿지 않는 것을 위해서 노력하는 일은 절대적으로 불가능하기 때문이다.

> 항상 강렬한 열정을 가지고 '뭐든지 할 수 있다'고 마음속에 그리면 어려움을 극복하고 성공할 수 있는 힘이 생긴다.

▣ 동기가 선하면 결과는 걱정할 필요가 없다

　새로운 프로젝트를 시작할 때 언제나 내가 가장 중요하게 생각하는 것이 있는데 그것은 스스로에게 '이 일에 사심은 없고 동기는 선한가?'를 묻는 일이다. 다시 말해 그 프로젝트를 시작하는 이유가 이기적인 동기 때문인지 선의를 바탕으로 하는 것인지 확인할 필요가 있다는 뜻이다.

　일본어에서 선善이라는 단어는 누가 보아도 보편적으로 '좋다'는 의미이다. 자기의 이익과 편의 또는 남의 시선만을 생각해서는 가치 있는 것을 기대할 수 없다. 누구나 받아들일 수 있는 선한 동기만이 의미 있는 성공으로 이끌어 준다. 일단 프로젝트에 착수하면 나는 그 과정이 선한지 아닌지를 스스로에게 계속해서 묻는다. 왜냐하면, 만일 우리들이 부정한 방법과 행동을 취한다면 언젠가는 그 대가를 지불해야만 하기 때문이다. 프로젝트를 진행해 나가는 과정도 인간으로서의 정도 正道를 벗어나서는 안 된다. 항상 일을 추진하면서 '사심은 없고 동기는 선한가?'라는 질문이 필요한데 자기중심적인 동기로 만들어진 조직은 절대로 구성원의 신뢰와 헌신을 얻을 수 없다.

> 동기와 실천방법이 선하다면 결과는 걱정할 필요가 없다.

6 높은 이상과 목표를 가진다

사업의 목적을 무엇으로 정할지는 매우 중요한 문제이다. 나는 적어도 인간으로서, 보다 숭고한 야망이 포함되어야 한다고 믿고 있다. 왜 한 차원 높은 목적이 필요한 것일까? 비즈니스 경영을 하기 위해서는 정열과 열정의 힘을 최고조로 유지해야만 한다. 그런데 재물욕과 명예욕은 헛된 욕망을 불러오고 쓸데없이 엄청난 에너지를 소모 시킨다.

빗나간 욕망은 지금 바로 하지 않으면 안 되는 중요한 행동 에너지까지 없애버리기 때문에 보다 더 큰 문제가 된다. 인간은 태어나면서부터 약한 존재로 의지를 강화시켜주는 동기가 필요하며 자신뿐만 아니라 모든 사람들이 최상이라고 인정하는 목적을 가지고 있어야 한다. 누구에게나 자랑스럽게 말할 수 있는 진정한 목적을 가지고 있으면 두려움이나 헛된 욕망으로부터 자유롭게 되고, 한 단계 높은 이상과 목표를 이룰 수 있는 정열과 같은 놀라운 에너지를 얻을 수 있다. 이것이 최고 수준의 도덕심을 가지고 사업의 목적을 정해야만 하는 이유 중 하나이다. 사업의 목적은 분명히 경영자의 철학이 반영되는데, 대부분 필사적인 노력을 하면 일시적으로는 성공할 수 있지만 경영자가 잘못된 사고방식을 가지고 있다면 결국 사업은 실패할 수밖에 없다.

> 눈앞에서 성공을 놓쳐버리는 똑같은 실수를 반복하지 않으려면 인생을 바라보는 세계관과 사고방식의 수준을 한 차원 높여야만 한다.

7 타고난 재능은 자기만의 것이 아니다

리더로서의 자격조건은 여러 가지가 있을 것이다. 어떤 사람은 능력과 지도력, 훌륭한 인격을 갖추고 있기 때문에 '난 리더로서 충분한 자격이 있다'고 생각할 수도 있다.

그러나 이 경우 정확히 이해해 두어야 하는 것이 있다. '하늘이 왜 나에게 리더로서의 재능을 주신 걸까'에 관한 것이다. 여기에는 무슨 이유가 있을지 생각해 보아야 한다. 내가 아닌 다른 누군가가 이런 재능을 가지고 태어날 수도 있는데 왜 내가 이런 재능을 가지고 태어났을까에 대해 고민해야 한다. 우리는 모두 어느 정도 발전 가능성이 있는 재능과 소질을 타고 나는데 어떤 이는 예술적 재능을, 또 다른 사람은 스포츠 분야에 탁월하며 조직을 행복하게 이끌기 위한 카리스마를 가지고 태어나는 사람들도 있다.

만일 자신이 숙명적으로 재능을 타고 났다면, 이 재

능을 자신만을 위해서 사용하지 말고 세상 사람들과 함께하고 있는 사회나 조직을 위해서 사용해야만 한다. 만일 리더십에 타고난 재능이 있는 사람은 재능을 십분 발휘해서 리더로서의 의무를 다해야 하지만 탁월한 재능을 타고났다는 이유만으로 오만불손하게 행동해서는 안 된다.

> 하늘이 내려주신 재능은 겸손한 태도로 조직을 위해 사용해야지 개인의 사리사욕을 채우기 위해 사용해서는 안 된다.

최고를 위해서는 대가를 지불해야 한다

'기업은 왜 존재하는가?'라는 기업의 존재 의의나 목적과는 상관없이 조직의 구성원으로서 개인이 존재하기 때문에 기업의 경영이념은 매우 중요하다. 하지만 개인이 기업 구성원으로서 꿈꾸는 목표와 회사의 중·장기 목표는 경영이념에 따라 달라진다. 그렇기 때문에 목표를 세우기 전에 기업은 목적을 분명히 해야 하고 개인은 '왜 여기서 일하는가? 나의 꿈은 무엇인가?'에 대해 스스로에게 물을 필요가 있다. 만일 업계 최고의 회사를 만들어 회사와 함께 자신의 꿈을 실현하는 것이 목표라면 장기적인 계획과 치밀한 준비가 반드시 필요하다.

경영에 영향을 미치는 요인으로는 눈앞에 보이고 물리적으로 계산할 수 있는 자본금, 연구 개발인력, 설비 등이 있고 눈에 보이지 않는 부분은 리더와 구성원이 함께 만들어 내는 조직풍토, 철학, 이념 등이 있다. 보다 높은 기업의 목적달성과 개인의 목표인 꿈을 실현하기 위해서는 이 모든 요인이 각 기능별로 최고의 능력을 발휘해야 한다. 또한 목표가 구체화 되면 목표에 걸맞는 최고의 기업철학이 필요하며 리더를 포함한 모든 구성원은 날마다 뼈를 깎는 고통과 희생을 감수하는 피나는 노력을 해야 한다. 자신이 다니는 회사를 '세계적인 기업으로 만들고 싶다'거나 '멋진 회사에서 일하고 싶다'는 기업 구성원이 있다면 그것을 위해서는 값비싼 대가를 지불해야만 하는 것이다.

> 어떤 분야에서 최고라고 불리는 기업의 명성은 공짜로 얻은 것이 아니다.

이나모리 가즈오에게 묻다

야망 Q&A

Q 야망은 구체적으로 무엇을 의미하는가?

A 경영자는 최우선적으로 사업의 구체적인 목표를 설정해야 한다. 경영자는 강한 야망을 품고 자신과 회사가 달성해야 하는 목표에 대해 살아 움직이는 구체적인 미래상을 제시할 필요가 있다. 뛰어난 경영자는 어떻게 사업을 경영해 나갈지 머릿속으로 분명하고 뚜렷한 이미지를 만들어 계속 수정해 나가는 사람이다. 이와 같은 이미지는 어쩌다 생각날 때나 회의시간을 이용해서 만들 수 있는 것이 아니다. 확고한 야망을 가지고 있다면 하루 24시간 쉬지 않고 이미지 메이킹을 계속해야 한다.

Q 동기가 선하다는 의미는 무엇인가?

A '선善'이라는 단어는 좋은 행위라는 표현의 '좋은' '고결한' '자비로움'이라는 의미로 사용된다. 이것은 원래 중국에서 건너온 상당히 추상적인 개념으로 기독교의 '남에게 대접을 받고자 하는 대로 너희도 남을 대접하라'는 가르침과 매

우 비슷한 의미로 사용된다. 그러므로 우선 주변 사람들을 행복하게 만드는 일에서 즐거움을 발견할 수 있어야 한다. 내 자신도 그런 의미로 받아들이고 실천하려고 노력한다. 선의 반대 개념은 악으로 이것은 증오와 적개심, 분노, 질투 등의 이기적인 동기가 사람의 행동을 조종하는 것이다. 새로운 사업을 시작할 때에는 혹시 이것이 개인적인 이익만을 위한 것인지 아니면 타인과 지역, 회사를 위한 일인지 가슴에 손을 얹고 생각해 볼 일이다. 이익을 얻는 것 자체가 나쁜 것은 아니다. 그러나 이익을 추구할 때 파트너와 거래처, 고객에게 손해를 끼친다면 그것은 이미 선이 아니다. 만일 어떤 일이 선한지 아닌지 판단이 서지 않는다면 적어도 '다른 사람에게 손해를 끼치지 않는다'는 확고한 기준만이라도 세워야 한다.

Q 리더십은 타고난 재능인가? 아니면 노력해서 얻을 수 있는 것인가?

A 리더십은 타고 나는 경우도 있겠지만 대부분의 사람들은 누구나 훈련을 받으면 리더가 될 수 있다. 간부 세미나를 개최해 사람들에게 리더십을 가르치고 함께 공부하는 것은

이러한 훈련을 통해 많은 리더들을 양성할 수 있다는 믿음 때문이다.

Q 꿈과 비전은 어떤 차이가 있는가?

A 나는 꿈과 비전이라는 두 단어를 똑같은 의미로 사용하고 있다. 보통 어떤 일을 이루고 싶다는 꿈, 이상을 가진다. 동시에 꿈을 계속 추구해 가면 그 꿈은 점점 선명하게 다가오며 구체적인 세부사항까지 알 수 있게 되고 끝에 가서는 컬러 TV를 보고 있는 것처럼 생생한 현실로 다가온다. 이것이 비전이다. 이런 심리상태가 되었을 때 자신의 비전이 실현되고 있다는 사실을 알 수 있는 것이다.

Q 예를 들어 설명해 줄 수 있나?

A 몇 번이나 경험한 일이지만, 세라믹 연구를 하고 있었을 때 마치 짙은 안개 속에 있는 것처럼 한 치 앞도 내다볼 수 없는 난처한 상황에 자주 처했다. 그럼에도 나는 반드시 내가 찾고 있는 새로운 세라믹을 만들 수 있다고 믿었다. 나는 특수한 재질과 종류의 세라믹을 개발하고 싶었다. 이것과 저것을 혼합해 조합하고 용광로에 넣어 각각의 온도가

어느 정도 올라갈 때까지 가열 이것을 소성이라고 함 하면 원하는 물질을 얻을 수 있을 것이라고 마음속 깊은 곳까지 믿음에 대한 확신으로 가득 찼다. 실제로 세라믹의 재료를 서로 혼합해 소성했을 때 불순물 등의 원인으로 원하는 결과를 얻지 못한 적도 있지만, 그 결과에서 잘못된 점과 통제과정의 실수를 제대로 파악할 수 있었다. 그래서 그 다음 과정은 좀 더 명확하게 통제할 수 있게 되었다. 우리의 인생은 꿈보다 명확한 현실의 가능성을 구체화하면서 실험을 반복하는 실험실과도 같으며 하루하루가 비전을 추구하는 삶이다. 내 자신이 이렇게 비전을 추구하는 삶을 살아갈 수 있었던 것은 오직 나에게 '정열'이 있었기 때문이다.

Q 연구개발의 '예' 이외에도 적용할 수 있는가?

A 사업에 있어서도 같은 경험을 했다. 온통 자기 자신을 정열로 불태우면서 일에 임하면 사업을 성공적으로 이끄는 많은 방법을 배우게 된다. 하지만 반복적인 실패가 계속되면 곧바로 의기소침해져 버린다. 이런 경우에는 정열을 떠올리는 일조차 어렵다. 만일 일하기를 싫어한다면 뭔가 시작조차 해볼 수 없으며 일을 시작했다고 해도 더 이상의 발

전은 기대하기 어렵다. 반면, 아무런 흥미 없이 시작한 일에 재미를 느껴 신나게 일에 열중하는 경우도 있다. 일이 즐거우면 누가 시키지 않아도 목숨 걸고 노력하며 뭔가 발전시켜 나가기 때문에 결과적으로 성공과도 연결된다. 이것은 테니스를 배우는 것과도 똑같다. 테니스를 잘 못쳐도, 하는 것 자체를 좋아한다면 연습을 계속해도 지루하거나 힘들지 않을 것이다. 연습을 계속하다 보면 실력이 쌓이고 언젠가는 챔피언이 될 지도 모른다.

지금 자기가 하는 일을 좋아한다면, 당부하건대 자기 자신을 믿고 신뢰하라. 그렇게 하면 일은 점점 익숙해지고 이윽고 '정열'이 생긴다. 다시 말하지만 정열은 성공의 문을 열어주는 열쇠와도 같다.

성실함 Sincerity

'상대방이 있어야 나도 존재하는 것이다'라는 사고방식이 조화와 평화로 인도하는 가장 확실한 길이다

참된 성실함은 사랑과 조화를 불러온다

❶ 비즈니스 거래에는 소비자와 공급자가 있어야 한다. 성공적인 거래는 양자가 함께 만족할 수 있는 상황이 되는 것이다. 성실함은 모두가 만족할 수 있는 인간관계의 기본이 된다.

❷ 비즈니스 파트너를 만족시켜야 한다. 일방적으로 한쪽만 좋고 다른 한쪽은 손해 보는 인간관계라면 장기간 지속되는 비즈니스 관계는 기대할 수 없다. 성공하는 리더는 성실함과 상대에 대한 배려를 통해서만 조화를 이룰 수 있다.

❸ 비즈니스에서 성공하기 위해서는 프로 운동선수 이상의 강한 승부욕을 불태워야 한다. 그러나 경영자는 마음속에서 진정으로 우러나오는 성실함과 상대방을 따뜻하게 배려할 줄 아는 마음가짐을 함께 갖추고 있어야 한다. 코치가 시합에서 승리하기 위해 팀원 한 사람 한 사람에게 최고의 능력을 발휘할 것을 요구하는 것처럼 리더도 정직하고 성실한 방법으로 구성원을 승리로 이끌어야 한다. 하지만 스포츠 경기처럼 명확한 승자와 패자를 만드는 것이 아니기 때문에 비즈니스에서는 절묘한 조화를 이루어야 한다.

1 마음은 마음을 부른다

 나는 항상 사람의 마음을 근본으로 삼는 경영을 위해 노력해 왔다. 굳건한 신뢰를 바탕으로 서로의 마음이 통하는 인간관계를 만들어 교감을 나누고 그것을 계속 유지·발전시키는 일에 초점을 맞춘 경영을 해온 것이다. 사랑받기 위해서는 먼저 남을 사랑해야 하듯이 마음을 나누는 진실한 인간관계를 구축하기 위해서는 경영자들이 순수한 마음을 가지고 사람들에게 먼저 다가가야 한다. 나는 이런 생각에 기초해서 기업의 리더로서 이기적인 본능을 버리려고 항상 노력해 왔다. 항상 구성원들의 마음을 헤아리고 회사를 위해서는 어떤 개인적인 희생도 감수하겠다는 강한 의지를 갖고 사리사욕을 버리기 위해 최선의 노력을 다하고 있다.

 사람의 마음이 가장 믿지 못하고 변하기 쉽다고 생각할 수도 있지만 한편으로는 사람의 마음처럼 굳건하고 신뢰할 수 있는 것도 없다. 인류역사상 위대한 인물들은 다른 사람들에 대한 배려심이 깊고 이타적인 마음을 소유한 사람들이 많지만 반대의 경우는 숱한 예에서도 찾아볼 수 있듯이 조직을 붕괴시키고 많은 사람들을 불행하게 만드는 이기적인 욕망과 황폐한 마음의 소유자들이 대부분이다.

> 마음이 마음을 부른다는 사실을 잊어서는 안 된다.

2 고객의 신뢰를 넘어 존경을 받는다

비즈니스는 한마디로 신용을 쌓아가는 일이다. 기업과 제품을 진정으로 신뢰하는 고객이 늘어날수록 비즈니스도 크게 성장해 가지만 요즘은 이것보다 더 중요한 것이 있다고 생각한다. 이익을 의미하는 일본어 '모우케(儲け)'는 믿음을 뜻하는 '신지루(信じる)'와 사람을 의미하는 '모노(者)'가 합쳐진 글자로 예로부터 '사람을 믿는다'는 의미가 내포되어 있고 이것이 곧 이익을 의미한다. 물론 신용은 필수불가결한 조건으로 좋은 제품을 신속 정확하고 싸게 공급하며 게다가 고객이 만족할 만한 서비스 정신을 가지고 판다면 적어도 신용은 얻을 수 있을 것이다. 만일 공급자가 높은 도덕심과 인덕을 갖추고 있다면 신용은 물론 고객에게 존경을 받을 수도 있다.

나는 비즈니스의 궁극적인 목표가 고객에게 존경을 받는 일이라고 생각한다. 고객에게 존경받는 상태에서는 경쟁회사의 제품이 아무리 싼 가격으로 출시되어도 경쟁력을 잃지 않을 것이다. '덕德이 있다'는 것은 고객에게 좋은 가격, 우수한 품질, 신속 정확성을 보여주는 것 이상으로 큰 의미가 있다. 이것은 비즈니스를 하는 사람이라면 누구나 항상 새겨 두어야 할 철학으로 덕은 자연스럽게 사람들에게 존경받을 수 있는 최선의 길임에 틀림없다. 덕을 쌓기 위해서 항상 힘쓰고 노력하면 좋은 비즈니스 찬스를 잡거나 대형 프로젝트 진행 등의 중요한 사업도 성공적으로 수행할 수 있을 것이다.

> 변하지 않는 비즈니스의 성공비결은 고객에게 존경받는 것이다.

조직의 비전을 선포한다

　우리는 자유의지를 가진 독립된 인격체로 살아갈 수 있는 인간으로 태어났기 때문에 여러 가지 자유로운 사고와 행동방식을 가지고 있는 것은 당연한 일이다. 마찬가지로 조직 속에서도 각 개인이 자유롭게 어떤 지시나 통제에 얽매이지 않고 유연한 사고와 행동을 하면서 전체와 조화를 이루는 것이 가장 좋은 모습이다. 그러나 경험상 이것은 단순한 이상에 지나지 않는다. 현실에서 이렇게 하면 개개인이 발휘하는 최상의 힘을 집중할 수 없고 조직의 입장에서 보면 실패할 확률이 높다. 조직을 구성하고 있는 개인들의 사고방식이 일치하지 않으면 조직은 통합된 모든 역량을 발휘할 수 없기 때문이다. 성공하는 기업은 조직의 개개인이 독창성을 발휘하고 개인적인 성장을 지속하면서 동시에 조직원으로서 역량을 회사가 목표로 하는 발전방향에 집중할 수 있는 방법을 알고 있는 기업이다.

'조직의 비전을 선포한다'는 말은 '공통적인 가치관을 가진다'는 뜻으로 조직의 비전을 함께 나누며 조직의 존재의의와 조직을 어떻게 하면 발전시켜 나갈 것인가에 대한 문제를 함께 고민하는 것이다. 기본적인 철학을 모든 구성원과 공유하며 각 개인의 재능을 유감없이 발휘하고 개인의 활동이 조직의 목적을 달성할 수 있도록 상호 협력하고 조정해 나가면서 시너지 효과를 낼 수 있게 만드는 것이다.

> 동호회나 친목단체에서는 기본적인 의견충돌도 활력소가 될 수 있지만 뚜렷한 목적을 가진 조직에서는 전원이 공감할 수 있는 가치관이 반드시 필요하다.

4 판단의 기준을 만든다

리더는 언제나 순간순간 중요한 판단을 해야만 하는데 올바른 결정을 내리기 위해서는 어떠한 편견 없이 객관적이고 공정하지 않으면 안 된다. 예를 들면, 과학자는 중요한 측정을 대충 '눈대중'만으로 하지 않고 표준이 되는 데이터, 마이크로미터, 그 외에 기준이 되는 측정 수단을 활용한다. 마찬가지로 리더도 항상 올바른 판단을 내리기 위해서 표준이 되는 데이터처럼 판단의 '기준'이 되는 척도가 필요하다.

그러나 리더 중에는 기준이 없는 사람도 의외로 많다. 스스로 판단을 내리기 위한 척도가 없기 때문에 다른 사람의 판단과 일반적인 상식, 선례, 사회적 관습과 개인적 습관에 근거해 판단해 버리는 경우도 있다. 또 자기 멋대로인 기준을 가지고 있는 사람인 경우에는 결과가 자신에게 이득인지 손해인지에 따라 매우 주관적인 판단 기준을 가지게 된다. 또한 올바른 기준을 가지고 있어도 성실함이 없기 때문에 제멋대로 해석해 버리는 사람도 있다.

인생은 순간순간의 판단이 하나 둘씩 모여서 만들어진 결과이기 때문에 매사에 최대한 올바른 판단을 내릴 수 있다면 놀라운 인생을 살아갈 수 있다. 인생철학은 '인간으로서 무엇이 올바른가?'에 기초를 두는 것으로 공정, 정의, 인간미, 사고방식, 조화, 성실함 등의 단어로 표현되는 것들을 함축적으로 포함하고 있어야 한다. 후회하지 않는 인생을 살아가기 위해서는 자신만의 올바른 인생철학을 판단의 기준으로 삼아야만 하는 것이다.

> 올바른 판단은 판단의 기준이 되는 성실한 인생철학의 바탕에서 나온다.

5 겸손한 리더가 된다

언제나 리더는 겸손해야 한다. 권력만 추구하고 출세욕구가 지나치게 되면 때때로 인간의 도덕과 윤리의식은 희미해져 오만불손한 독불장군이 된다. 출세지향적인 성격의 리더가 이끄는 조직은 일시적인 성공을 거둘 수도 있지만 지속적인 성장과 발전은 기대하기 어렵고 구성원 상호간에 불협화음이 생기게 마련이다.

우리의 무관심 속에서 유감스럽게도 현대사회는 점점 자기중심적으로 변해가고 있으며 행동과 판단의 기준도 이러한 사회적 현실에 영향을 받고 있는 것도 사실이다. '상대방이 있기 때문에 나도 있다'라는 예전부터 전해 내려오는 일본식 사고방식이 있는데 상대를 인정하는 겸손한 마음가짐을 잃어버린 독불장군식 개인주의는 무익하고 비생산적인 대립만을 심화시킨다. 그러므로 모든 사물은 이중성을 내포하고 있다는 사실을 마음에 새기고 있어야 한다.

오래 전부터 일본인들은 '자신은 전체의 일부'라는 인식을 하고 있었고 이런 사고방식은 오늘날에 와서도 크게 변하지 않고 조직의 조화를 유지하며 협력을 도모할 수 있는 유일한 사고방식으로 인식되고 있다. 리더는 구성원이 있기 때문에 존재한다는 사실을 인지하고 운명을 같이 하는 조직의 일원이라는 공감대를 형성하기 위해 항상 겸손한 자세를 유지해야만 한다.

> 겸손한 리더만이 조직의 조화와 협력을 이루며 지속적인 발전을 가져올 수 있다.

⑥ 상반된 양극단을 동시에 생각한다

리더는 균형 잡힌 인간성을 갖추고 있어야 한다. 비즈니스 세계에서는 매순간 중요한 결단을 내려야 하기 때문에 다른 임원들이나 변호사, 또는 은행의 반대에 부딪혀도 항상 단호한 신념을 가지고 계획한 대로 행동해야 할 때도 있다. 또 단 한 사람의 의견이라도 겸허하게 듣고 자신에게 잘못이 있다면 인정하는 용기를 가지고 계획을 수정하거나 변경해야 하는 경우가 생길 수도 있다. 결국 신중함과 대범함의 양면이 모두 필요하지만 그렇다고 해서 신중함과 대범함의 중간에 서야 한다는 의미는 아니다.

리더는 중요한 의사결정을 하지 않으면 안 되기 때문에 상식적인 생각과 원만한 성격 이상의 무엇이 필요한 법이다. 『위대한 개츠비』로 유명한 미국작가 F. 스콧 피츠제럴드F. Scott Fitzgerald는 "최고의 지성知性은 두 개의 상반된 사고를 동시에 마음에 품으면서 정상적인 기능을 계속할 수 있는 능력"이라고 말했다. '읍참마속泣斬馬謖, 『삼국지』에 나오는 고사성어로 '원칙을 위해 사사로운 정을 버린다'는 뜻이다 –옮긴이'이라는 말도 있듯이 리더에게는 인정 넘치는 인간미가 필요할 때도 있지만 때로는 냉정함을 잃지 않고 엄격해야 되는 때도 있는 것이다.

> 균형 잡힌 시각을 가진 리더는 상반된 양극단을 동시에 생각하고 상황에 따라서 지혜롭게 대처할 줄 아는 사람이다.

7 큰 사랑에 눈을 뜨다

"당신은 쉬는 날도 없이 밤낮으로 일하고 거의 매일 야근까지 하면서 가정에는 충실할 시간이 없는데 이런 모습을 아내나 아이들이 잘 이해해 주나요?"

나는 자주 이런 질문을 받는다. 그러나 나는 가정을 희생시키고 있지는 않다고 느낀다. 그 이유는 작은 사랑의 차원으로 가정이나 내 자신만을 위해서 하는 일이 아니고 더 큰 사랑의 관점에서 많은 구성원들에게 행복을 주는 것이 나의 사명이라고 믿기 때문이다.

그러나 큰 사랑을 실천하기 위한 자기희생적인 의무감을 다른 사람에게 권유하는 일은 주저하게 되는데 인간이라면 누구나 자기 스스로가 큰 사랑을 깨닫지 않으면 안 된다. 이와 같은 생각에 동의하지 않는 사람에게 함부로 강요하면 회사에 대한 충성과 가족에 대한 사랑 사이에서 딜레마에 빠지게 된다. 이런 영향 속에서 가정을 내팽겨 치고 일을 하는 것은 자기 자신에게도 부끄러운 일로 올바른 선택은 더더욱 아니며 게다가 일의 능률도 오르지 않을 것이다. 그럼에도 큰 사랑을 깨닫고 다른 사람들을 위해서 일하는 것을 마다하지 않는 사람들이 많아지기를 바라마지 않는다. 왜냐하면 큰 사랑을 깨달은 리더만이 구성원을 행복하게 할 수 있다고 믿기 때문이다.

> 큰 사랑은 많은 사람들에게 행복을 준다.

구성원이 자립하고 독립할 수 있게 돕는다

구성원을 교육시킬 때에는 엄격하고 명확하게 가르쳐서 부서에 배치해야 하며 자신감을 가질 수 있도록 현장 경험을 강화해야 한다. 또한 리더는 인재를 선발할 때 구성원의 인물평가를 해야 하는데 사고방식과 능력은 물론이거니와 어떤 일이나 잘 감당해 낼 수 있는 자질을 가지고 있는지의 여부도 살펴봐야 한다.

대부분의 경우 사고방식과 능력은 중요한 판단의 기준으로 아무래도 사고방식이 일을 추진할 때 결과에 절대적인 영향을 미치기 때문에 능력보다 더 중요하다. 배치할 부서에 가장 알맞은 인물을 찾았다면 마음 놓고 특정한 업무를 맡길 수도 있지만 단번에 중요하고 결정적인 권한을 주지 않으며 계속해서 관찰하고 평가해 간다.

왜냐하면 모든 사람에게는 반드시 장점과 단점이 있고 사람을 신뢰하는 것과 능력에 맞는 역할을 맡기는 것은 다르기 때문이다. 하지만 한 번 일을 맡길 수 있다고 판단되면 직책과 역할에 맞는 역할행동을 잘 수행할 수 있도록 모든 부분에서 지원을 아끼지 말아야 하며 필요하다면 추가 인력을 배치해 담당자의 성장을 지원하고 지속가능하게 발전할 수 있도록 도와야 한다. 물론 스스로의 힘으로 자립하고 독립할 수 있도록 뒷받침해 주는 것도 잊지 말아야 할 것이다.

> 리더는 훌륭한 인격과 탁월한 능력을 겸비하고 있어야만 구성원을 올바르고 정확하게 평가할 수 있다.

9 원대한 이상으로 길을 개척한다

 리더는 애정 어린 마음으로 구성원을 대해야 한다. 이것은 결코 사람들을 구속하라는 의미가 아니며 작은 사랑보다는 큰 사랑으로 사람들을 이끌고 가르침을 주어야 한다는 뜻이다. 예를 들어, 작은 사랑을 가진 부모는 아이들을 온실 속의 화초처럼 편하고 좋게만 해주기 때문에 아이는 스스로 아무것도 할 수 없는 나약한 사람이 되고 나중에 어른이 되어서도 잘못된 인생을 사는 경우가 많다. 반대로, 엄격하지만 큰 사랑으로 교육하는 부모 밑에서 자란 아이는 자신을 스스로 단련하는 법을 배워 성공적인 인생을 살게 될 확률이 매우 높다. 이것이 작은 사랑과 큰 사랑의 차이다.

 조직의 경우도 마찬가지로 부드럽고 인격적으로 구성원의 의견을 잘 들어주고 자유로운 분위기 속에서 일할 수 있게 해주는 리더가 있는 반면에 항상 권위적이고 엄격한 리더도 있다. 만일 아무런 신념도 없이 단지 사람들의 인기에만 영합하는 리더가 있다면 현재는 좋을지 몰라도 조직의 미래는 기대하기 어렵다. 무조건 사람들에게 잘해주는 리더가 인기는 있을지 몰라도 원칙 없는 행동으로 인해 각 개인의 성장과 발전을 저해할 수도 있다.

리더는 멀리 내다보고 조직의 미래를 위해 구성원이 원대한 꿈과 이상을 가질 수 있도록 진심으로 개개인의 발전과 행복을 생각해야 하며 신념을 가지고 원리원칙에 따라 평가하고 올바른 길로 이끌어 주어야 한다. 그래야만 기업 구성원인 개인이 더 크고 위대한 인물로 성장할 수 있는 것이다.

> '큰 사랑은 비정해 보이기 쉽고 작은 사랑은 큰 악에 보다 가깝다'는 말이 있다. 작은 사랑으로 조직을 이끄는 리더는 반쪽짜리 명성과 성공밖에 손에 넣을 수 없다.

10 진실한 마음으로 신뢰를 쌓는다

 리더는 가장 먼저 솔선수범해서 적극적으로 일을 추진하고 구성원이 보기에 좋은 본보기가 되어야 하며 성실해야 한다. 보다 중요한 것은 언제나 구성원들의 지지와 성원을 받고 있는지를 항상 생각해야 하며 구성원의 신뢰를 얻어야 하고 더 나아가 존경을 받아야만 한다. 존경심을 불러일으키는 유일한 방법은 작고 사소한 일도 소중히 생각하며 매일같이 서로의 마음을 나누는 일이다. 너무 바쁜 나머지 구성원과의 대화를 소홀히 하면 자신도 모르는 사이에 거만해지고 권위적으로 변할지도 모르기 때문에 가능한 한 많은 기회를 만들어 접촉해 나가야 한다. 함께 허물없이 마음을 터놓고 커피 한 잔을 마신다거나 형식적일 수도 있지만 지나는 길에 마주치면 짧은 위로의 말이나 따뜻한 격려를 잊지 않는 것도 중요하다. 이렇게 작고 사소하지만 진실한 마음이 깃든 생각과 행동이 사람들의 마음을 움직이게 만들기 때문에 세심한 배려에 기초한 인간관계를 계속 맺어 나가다 보면 사람들 간에 단결과 조화가 싹트게 된다.

> 확실한 신상필벌信賞必罰, 상을 주어야 할 사람에게는 상을 주고 벌을 주어야 할 사람에게는 벌을 준다-옮긴이은 경영의 필수조건이지만 엄격함 뒤에는 반드시 따뜻한 배려가 있어야만 사람들이 따른다는 것을 잊지 말아야 한다.

11 마음과 정성을 다해 말한다

때때로 말하기의 달인들은 현란하고 유창한 말장난으로 사람들의 관심을 끌지만 주의 깊게 이야기를 들어보면 전부 사탕발림 같은 말뿐이고 말의 핵심이 없는 경우가 대부분이다. 달변인 사람에게 설득력이 있다고 착각하는 사람도 있지만 나는 그들에게 어떤 매력도 느끼지 못한다. 오히려 그런 얄팍한 인간성을 가진 사람과는 말할 기분이 나지 않는다. 나는 젊은 사람들에게 이런 겉만 번지르르한 달변가가 되라고 권하고 싶지 않고 말투가 좀 어눌하고 더듬거려도 말이란 반드시 자신의 진실한 마음이 전달되어야 함을 일러주고 싶다.

또 반드시 상대방을 설득해야 되는 경우 진실한 자신만의 언어가 자연스럽게 마음에서 우러나와야만 비로소 강한 호소력을 지닌 말이 되고 상대방에게 감동을 줄 수 있는 것이다. 유창한 달변에는 비교가 되지 않겠지만, 비록 조금 유창하지 않아도 진실한 마음과 정성만 담겨 있다면 최고의 달변이 될 수 있다. 상대방이 자신의 진실한 마음을 알아주기 원한다면 서로의 마음을 나누어야 한다. 말재주를 늘리려고 노력할 것이 아니라 최선을 다하는 성실함을 갖추고 상대방과의 대화에 임하는 것이 더 중요하다.

> 성실함은 말하는 사람과 듣는 사람의 마음을 연결해 준다.

12 세대 차이를 극복하고 공감대를 형성한다

경영자는 자신의 경영철학을 사원들에게 전달하고자 할 때 그들의 연령, 생활환경, 인생경험 등의 차이 때문에 생기는 이해차를 극복해야 한다. 어떤 경영자들은 '사원들과 좀 더 나이 차이가 적으면 더 많은 공감대를 형성할 수 있을 텐데'라거나 '라이프스타일과 배경이 비슷하다면 나의 사고방식을 더 잘 이해해 줄지 모른다'고 생각할 수도 있다.

그러나 현실에서는 아들뻘 되는 사원들과 거의 한 세대 차이가 나며 경영자의 사고방식이 기존 세대의 가치관과 전통을 고수하면 할수록 젊은이들은 더 반감을 갖게 된다. 기성세대들은 신세대 젊은이들이 안이한 생각에 빠져 편하고 쉬운 길만 가려 한다고 한탄하지만 사실 모든 인간은 나이와는 상관없이 누구나 자신의 꿈을 실현하고 싶은 야망을 가지고 있다. 요즘 젊은이들도 나름대로 이루고 싶은 꿈을 품고 어떤 고난이 닥쳐와도 과감히 도전하고 끊임없이 노력할 줄 알기 때문에 젊은이들과 지속적으로 공감대를 형성해 나가면 반드시 경영자의 철학과 사고방식을 이해해 줄 것이다.

> 리더는 '인간으로서 무엇이 올바른가'라는 보편적인 진리와 원리원칙에 입각한 철학을 가지고 있어야 한다.

이나모리 가즈오에게 묻다

성실함 | Q & A

Q 왜 '성실함'이 리더에게 필요한 자격인가?

A 성실함은 신뢰를 낳고 신뢰는 존경을 부르며 존경은 조직을 이끌 수 있는 힘을 만들어준다. 우리는 때때로 존경심의 대상은 교직에 있는 선생님들에게만 해당된다고 생각하기 쉽고 기업가가 존경을 받는 것은 의외라고 느낄 수 있을지도 모르겠다. 그러나 조직을 이끌고 구성원 각자가 가진 최고의 능력을 찾아서 개발시키려면 리더는 구성원에게 존경받아야 한다. 그리고 리더에게 구성원의 마음을 헤아릴 줄 아는 배려와 '성실함'이 없다면 상호 신뢰와 존경의 마음은 기대하기 어렵다.

Q 왜 고객으로부터 '신용'뿐만 아니라 '존경'을 받아야 하는가?

A 존경과 신용은 분명히 밀접한 관계가 있지만, 확실한 차이도 있다. 신용은 상품을 판매하는 활동 중 없어서는 안 될 기본조건이지만 존경은 보다 높은 차원의 숭고한 것으로

노력한다고 해서 무조건 얻어지는 것이 아니다. 고객의 존경을 받으려면 고객의 의견과 제안에 귀 기울이는 노력이 필요한데 고객은 지금 당장 필요한 제품을 구입하는 동시에 '앞으로 이런 것이 있었으면 좋겠다'는 의견을 제시하며 신제품이 나오기를 기대한다.

예를 들어, 한 부품 생산업체가 있다고 하자. 만일 고객 중에 한 명이 경영자가 하는 일에 대해 존경의 마음을 가지고 있다면 이 고객은 적극적으로 신제품 개발에 참여하고 초기 설계 단계에서부터 참신한 의견을 낼 수도 있다. 설계 단계부터 참여하는 '디자인-인'의 방식으로 신제품 생산에 고객이 참여할 수 있다면 이 업체는 보다 안정적으로 신제품을 개발하고 마케팅 판로를 개척할 수 있게 된다. 이와 같은 일은 단순한 신용관계에서 벗어나 기업의 프로정신과 능력, 사회공헌도 그리고 무엇보다도 경영자가 존경받을 만한 인품을 갖추었기 때문에 가능한 것이다.

Q 작은 사랑의 예를 들어 준다면?

A IBM의 설립자인 토마스 왓슨Thomas Waston은 '노인과 철새 이야기'를 자주 했다고 한다. 겨울 철새가 이동하는 길에 잠

시 머무는 호숫가 근처에 한 노인이 살고 있었다. 어느 해 한파로 호수가 꽁꽁 얼어붙어 철새들은 먹을 것을 구하지 못하고 머물러야만 했다. 노인은 철새들이 불쌍한 나머지 매일 먹이를 주게 되었는데 매년 호수를 지나쳐 가는 철새의 수가 증가함에 따라 노인의 보살핌을 받으며 더 이상 이동하지 않고 1년 내내 호숫가에서 지내는 철새의 수도 늘었다. 그러던 어느 날, 노인은 죽게 되었고 더 이상 먹이를 주는 사람이 없게 되자 수백 마리에 달하는 철새들도 고스란히 굶어 죽었다고 한다. 이 노인의 보살핌은 '작은 사랑'의 좋은 예다. '큰 사랑'의 마음만 있었다면 몇 마리 철새를 위해 시작한 '작은 사랑' 때문에 수많은 철새가 죽는 일은 없었을 것이다.

Q 큰 사랑에는 반드시 가족의 희생이 필요한 것인가?

A 당연한 말이지만 가족의 지지와 응원이 없었다면 지금 내가 하고 있는 일은 불가능했을 것이다. 개인적으로 일 때문에 가족을 희생시켜서는 안 된다고 생각한다. 그러나 조직의 리더는 구성원뿐만 아니라 그 가족들에 대한 책임도 함께 지고 있는 것이다. 나는 내 아이들에게 자주 변명거리를

늘어놓아야만 했다. 이웃집 아버지들은 매일 정시에 퇴근해서 아이들과 놀아 주는데 나는 매일 늦게까지 회사일 때문에 일찍 퇴근할 수가 없었기 때문이다. 보통의 월급쟁이라면 언제나 비슷한 시간에 퇴근해서 자기 가족들을 돌봐주겠지만 경영자의 가족은 언제나 희생을 강요받게 된다. 그러나 경영자는 자신의 아이뿐만 아니라 많은 직원과 그 가족들로 구성된 가정의 가장 노릇까지 해야 하기 때문에 막중한 책임감을 가져야만 한다.

그러므로 가족에게도 충분히 함께하지 못하는 이유를 잘 설명하고 올바로 이해시켜야 한다. 자녀들이 어렸을 때에는 잘 이해하지 못할 수도 있지만, 성장해 갈수록 아버지의 원대하고 '큰 사랑'을 이해하게 될 것이다.

진정한 힘 Strength

**진정한 힘은 올바른 것을
할 수 있는 용기를 갖는 것이다**

용기를 갖고 전진한다

❶ 진정한 힘은 부나 명성, 체력과 관계가 없다. 무엇보다도 올바른 것을 할 수 있는 용기가 필요하다

❷ 리더가 조금이라도 비겁한 행동을 한다면 구성원은 곧바로 알아차리게 된다. 우유부단하고 비겁한 태도를 취하는 리더는 구성원의 깊은 신뢰를 얻을 수 없다.

자기를 희생할 줄 아는 용기를 가진다

모든 리더는 기꺼이 자기희생을 감내할 용기를 가지고 있어야 한다. 조직이 뭔가 가치 있는 것을 달성하려고 할 때에는 엄청난 에너지가 필요한데 이를 얻으려면 우선 리더가 솔선수범해서 대가를 지불해야 한다. 리더 스스로 자신을 희생하는 용기를 보여주면 자연스레 구성원들의 신뢰를 얻을 수 있다. 조직의 업무환경을 개선할 경우에도 리더가 원하는 방향으로 편의성만 우선하지 말고 대다수 구성원의 만족을 최우선으로 고려해야 한다.

리더는 개인의 이익을 희생하는 솔선수범의 본보기를 보여주어야 한다. 이러한 리더의 용기 있는 행동만이 효과적으로 조직을 변화시키며 업무환경을 개선할 수 있게 만들어 준다. 리더가 자신에게만 편리하고 좋은 조직을 만들어 간다면 구성원도 똑같이 이기적으로 변한다. 그리고 더 이상 리더를 신뢰하지 않게 된다. 리더는 자기희생을 통해서 구성원들에게 신뢰와 존경을 받을 수 있는데 이런 리더의 진실한 모습을 볼 때 구성원들도 스스로 조직의 규칙을 따르고 서로 협력하며 조직의 발전을 위하여 헌신적인 노력을 다하게 되는 것이다.

> 자기희생은 모든 리더가 기꺼이 지불해야만 하는 대가이다.

2 조직윤리를 확립한다

조직의 리더는 용기 있고 올바른 판단을 할 수 있는 사람이어야만 한다. 조직의 도덕과 규칙을 구성원에게 강조하기 이전에 스스로 먼저 말과 행동으로 이를 보여주지 않으면 안 된다. 리더가 위선적으로 행동한다면 다른 구성원들도 부정한 행위를 하기 쉽기 때문에 조직 내의 혼란만 가중시키고 결과적으로 구성원의 신뢰와 존경을 받지 못해 조직전체의 위기를 불러온다.

하지만 유능한 리더는 올바른 것을 밀고 나가는 용기가 있기 때문에 자신이 잘못을 해도 깨끗하게 인정하고 조직과 구성원들에게 용서를 구하며 발전적인 자세로 대처해 나갈 수 있다. 결코 책임을 회피하거나 다른 사람의 탓으로 돌리거나 구차한 변명을 늘어놓지 않는다. 리더의 일거수일투족을 구성원이 항상 지켜보고 있다는 사실을 명심하고 조직과 구성원에게 원하는 것을 솔선수범해서 보여주지 않으면 사람들은 잘 따라오지 않는다.

선·악의 판단과 상관없이 리더의 행동, 태도, 사고방식은 리더 한 사람뿐만 아니라 조직전체에 막대한 영향을 주기 때문에 조직윤리를 확립하는 일은 생각보다 훨씬 더 중요하다.

> 조직은 리더의 인간성이 투영된 거울과도 같은 것이다.

말과 행동을 일치시킨다

현대사회의 국제화된 경영환경 속에서 경영자는 글로벌한 관점에서 보고 올바른 의사결정을 내려야만 하는 막중한 책임감이 있다. 만일 경영자가 스스로 자기희생의 대가를 지불하려는 건전한 사고방식을 가지고 있지 않다면 모든 의사결정은 이기적인 것이 되고 만다.

예를 들어, 어떤 경영자는 일본의 대응방식에 문제점이 있어 대외적으로 무역마찰이 발생할지 모르기 때문에 일본이 무역흑자를 줄이지 않으면 국제적으로 고립될 것이라고 주장한다. 그러면서 일본 국내시장을 개방해야 된다는 의견에는 동의하지만 정작 자기 자신이 속해 있는 업계의 이익문제가 나오면 침묵을 지키고 자유화에 반대하는 일조차도 서슴지 않는다. 혼네本音, 속마음 – 옮긴이 와 다테마에建て前, 겉모습 – 옮긴이라는 일본어는 '겉으로 말하는 것과 속마음이 다르다'는 것을 의미하는 표현인데 경영자는 결코 이와 같은 태도를 취해서는 안 된다.

만일 경영자가 올바른 행동을 하려 해도 자기희생을 치를 각오와 용기가 없다면 사람들이 싫어하거나 자신이 속한 조직에 불리한 의사결정을 할 때 망설이게 된다. 개인의 인기와 조직의 이익만을 달성하기 위해 내리는 의사결정은 결국에는 자기 자신이나 조직, 더 나아가 사회에도 악영향을 끼치고 마이너스 요인으로 작용하게 된다.

> 자기희생의 대가를 기꺼이 지불하려는 마음의 의지는 모든 리더의 인간 됨됨이를 측정하는 하나의 잣대다.

◢ 미래를 여는 도전자 상을 제시한다

미국의 독립이나 일본의 명치유신 같은 격동의 시대에는 용기와 자신감을 가지고 변혁에 도전한 젊은이들이 많았다. 개혁을 이루어낸 젊은이들의 힘이 역사를 창조한 것이다. 그러나 단지 젊음만으로는 이처럼 중요한 책임을 완수할 수 있는 특권이 자동적으로 주어지지는 않는다.

시대를 앞선 리더들은 "미래를 여는 젊은이는 누구인가?"라는 어려운 문제에 대하여 고민한다. 직장에서도 마찬가지로 환영받는 사람들은 통찰력이 있고 적극적으로 의견을 피력하며 보다 높은 꿈을 가지고 조직을 위해 발전적으로 제안하는 이들이다. 이런 사람들이 직장과 기업을 개혁해 나간다.

젊은이는 자기분야의 전문가로서 확실한 실력을 쌓아가며 순박하고 솔직한 마음가짐, 다른 사람을 배려하는 따뜻한 마음과 자기희생의 정신을 가질 필요가 있다. 왜냐하면 미래를 여는 도전자들은 항상 깨어 있는 사람들이기 때문이다. 보다 숭고한 목적을 위해서라면 어떠한 위험도 감수할 수 있다는 용기만 가지고 있다면 다른 사람의 마음을 얻을 수 있고 위대한 개혁도 차질 없이 수행할 수 있다.

> 도전자에게 가장 중요한 것은 강한 정신력과 용기 그리고 의지력이다.

확실한 신념을 가지고 도전한다

흔히 사용되는 '도전과 혁신'이라는 단어는 좋은 뜻을 가진 멋진 말이지만 실제로는 매우 큰 고난과 위험이 따르기 때문에 예측하기 힘든 희생, 인내와 용기를 필요로 한다. 하지만 혁신에 꼭 필요한 요소를 갖추지 못했다면 도전이라는 말을 함부로 사용해서는 안 된다. 도전은 고난에 맞서 싸우는 용기, 오랜 시간 이어지는 자기희생을 견뎌낼 수 있는 끈기가 뒷받침되어야만 비로소 사용가능한 단어이다. 생각만 앞서고 준비가 부족한 상태에서 도전하는 사람을 일본어에서는 '만용蠻勇을 부리는 사람'이라고 말한다.

기업경영에 있어서 새로운 혁신을 위한 도전을 계속해 나가려면 강한 의지는 필수요소이다. 또 새로운 프로젝트를 기획하고 계획을 성공적으로 완성하려면 풍부한 자금력을 바탕으로 투명한 재무건전성을 확보할 필요도 있다. 뭔가를 혁신하려 한다면 어떠한 외부환경에도 굴복하지 않는 신념과 용기, 매일매일 변치 않는 노력과 시행착오를 통해 이룬 경험이 뒷받침된 확실하고 뛰어난 능력이 필요하다.

> 혁신을 위한 도전을 하기 위해서는 강한 의지와 재정적 뒷받침이 있어야 한다.

⬛ 자신에게는 엄격한 사람이 된다

'나무판자 한 장 밑에는 지옥이 있다'는 말은 선원들 사이에 전해 내려오는 옛 격언이다. 창업한 지 얼마 되지 않은 기업의 사원들도 이와 같은 상황일 것이다. 그런데 회사가 발전하고 성공해 가면서 어느 정도 자리를 잡아 안정되면 신세대 사원들 중에는 당연한 결과가 나왔다고 생각하는 사람들이 많아져 긴장이 풀리고 느슨해진 근무자세를 갖게 된다. 그들의 의욕은 점차 저하된다. 이것은 어쩌면 당연한 결과일지도 모른다. 작은 고깃배에서 '나무판자 한 장 밑에는 지옥이 있다'는 심정으로 생활하다가 호화 여객선 승객이 된 상황에서 너무 많은 것을 바라는 것은 무리일 수도 있다.

회사를 처음 시작했을 때를 떠올리면 위기감을 가지고 필사적으로 일할 수밖에 없었지만 지금은 놀라울 정도로 회사가 성장해 발전하고 있기 때문에 안정적인 경영이 가능하다. 주변 환경은 좋아졌지만 위기감을 가지고 새로운 사업을 지속적으로 개척하는 일은 훨씬 더 어려워졌는데도 현재에 안주해 위기감 없이 나태해지면 더 이상의 성공은 기대하기 어렵다. 오늘날 우리들에게 필요한 것은 현상에 만족하지 않고 자신의 한계에 계속 도전하는 강한 정신력과 의지의 힘을 기르는 일이다. 자신과 타협하지 않는 사람만이 어려운 고난에도 굴복하지 않고 비즈니스에서 성공하기 위한 힘을 기를 수 있다.

> 회사가 안정되어도 새로운 활로를 개척하기 위해서는 자신을 극한의 상황으로 내몰 수 있는 강한 의지와 용기가 있어야 한다.

7 헌신적으로 경영에 열중한다

 진정한 경영자는 자신의 모든 능력을 발휘하며 몸과 마음을 다 바쳐서 경영하고 있는 사람을 말한다. 어떤 중요한 경영기법이나 이론을 머릿속으로만 알고 있다면 결코 유능한 경영자라고 말할 수 없다. 경영자를 평가하는 척도는 얼마나 장기간 최선을 다해 헌신적으로 일을 추진하며 강한 책임감과 자기희생의 정신으로 날마다 순간순간에 충실했느냐에 달려 있다.

 경영을 할 때 혼신의 힘을 다해 최선의 노력을 다하는 것은 어떤 면에서 굉장히 가혹한 일이다. 경영을 위해서는 자기 시간도 갖지 못하며 막중한 책임감은 육체적으로나 정신적으로 견디기 힘든 일이지만 이런 어려운 상황에 맞서서 자신의 한계상황을 뛰어넘지 않고서는 진정한 경영자로서의 자격은 주어지지 않는다. 자신을 단순히 피고용자로 인식하고 있기 때문에 무조건 시키는 대로 하고 상명하달식 의사결정을 아무 생각 없이 따르는 사람도 있는 반면, 자신의 성공이 곧 조직의 발전이라고 생각하며 오직 비즈니스에서 성공하기 위해서 자신의 목숨을 걸 정도로 위험을 무릅쓰고 희생하는 사람들도 있다.

> 최고의 리더와 평범한 리더 사이에는 하늘과 땅만큼의 차이가 난다.

진정한 힘 | Q&A

Q 진정한 힘은 어떤 것을 의미하나?

A 내가 말하는 '진정한 힘'이란 리더가 용기를 가지고 있어야 한다는 뜻이다. 치열한 경쟁에 노출된 비즈니스 세계에서는 사원, 고객, 주주 모두가 리더에게 큰 기대를 가지고 있기 때문에 리더는 비겁한 행동을 해서는 안 된다. 비겁한 리더는 실제 상황보다 왜곡해 과장하려는 경향이 있다. 예를 들면, 반품으로 인한 손해는 감추고 매출을 늘려 보고하거나 대손충당금을 충분히 설정해 놓지 않고 이익을 겉으로만 부풀린다. 리더는 비판을 두려워한 나머지 회사의 실태를 감추어 상황을 더 어렵게 만든다. 이런 일은 절대로 있어서는 안 된다.

특히 비즈니스 경기가 좋지 않을 때일수록 리더는 조직원들에게 용기를 북돋아주고 격려해 주어야 한다. 구성원은 진실하고 결단력이 강한 리더를 필요로 한다는 것을 명심해야 할 것이다.

Q 당신에게 있어서 '강함'은 무엇인가?

A 만일 나에게 강함이 있다면 내 마음속 깊은 곳에 있는 신념일 것이다. 나와 같은 강함을 가지고 있는 사람은 의외로 많다. 올바른 일을 끝까지 완수하기 위해서는 엄청난 힘이 필요하다. 반면에 자신의 행동에 불안함과 주저함이 조금이라도 있다면 곧바로 마음은 흔들리고 위축돼 용기는 점점 사라지게 된다. 99%의 의사들은 자기 가족에게 큰 병이 생기고, 특히 대수술이 필요한 경우에는 자신이 직접 진찰하거나 치료활동을 하는 것을 거부한다고 한다. 여기에는 많은 이유가 있겠지만, 아마도 어려운 수술을 한다면 의사로서 '혹시나 실수라도 하지 않을까?' 혹은 '감정에 치우쳐서 잘못된 치료를 하지나 않을까?' 하는 두려움이 깔려 있어서일 것이다. 개인적 감정이 큰 걸림돌이 되기 때문에 오히려 자신보다는 동료 의사를 더 신뢰할 수 있다고 느끼는 것이겠지만 나로서는 선뜻 이해가지 않는 면이 있다. 진정한 용기와 의사로서 최고의 의술을 가지고 있다면 사랑하는 가족을 동료에게 맡길 것이 아니라 자신이 직접 치료해 주어야 하지 않을까? 한 가지 **중요한** 것은, 개인적 감성을 뛰어 넘는 강한 신념을 가지고 자기 자신의 능력을 믿는 일이다.

Q 리더가 구성원을 위해 자기희생을 실천한 예가 있는가?

A 교세라 미국법인인 캘리포니아 주 샌디에이고 공장개선 프로젝트를 시작했을 때 경영진은 우선 제조현장, 트레이닝 룸, 카페테리아, 샤워실 등 직원들의 생활과 가장 밀접한 시설부터 개선하고 새롭게 꾸몄다. 그리고 관리자용 사무 공간의 확보는 제일 나중에 했다.

좀 더 확실한 예는 교세라가 처음 주식을 상장했을 때로 간부급 임원들은 가지고 있던 주식을 팔아 일확천금을 얻을 수도 있었지만 주식을 파는 대신 신주를 발행했다. 신주 발행으로 얻은 자금을 바탕으로 회사의 재무 건전성을 확보할 수 있었기 때문에 경영진은 직원들의 복지와 사기를 증진시키며 더욱 더 강한 회사를 만들게 되었다.

개인적인 이야기를 하자면 북미지역 도시중심부의 재개발 부동산 프로젝트에 대한 정보를 접한 현지 교세라 간부가 그룹 차원에서의 투자를 권유했지만, 위험부담이 지나치게 크다고 판단했기 때문에 회사의 자금을 투자할 수는 없었다. 하지만 그 프로젝트는 지역사회에 많은 도움이 되는 일이었기 때문에 개인자격으로 자금을 투자하기로 마음먹었다. 결과적으로 투자 지역은 그 도시에서 제일 높은 빌

딩과 새로운 쇼핑가, 임대 아파트 등이 즐비하게 들어섰지만, 처음 염려한 대로 개인적으로 투자한 자금은 몽땅 날려 버렸다. 그래도 교세라의 돈은 한 푼도 쓰지 않았기 때문에 그룹차원의 손실은 없었다.

Q 조직의 조화를 중시하는 리더에게도 개인적인 인기가 필요한가?

A 교세라가 세계 각지에 지역본부를 설립했을 때, 나는 각 지역 본부장들에게 지역 자회사의 직원들로부터 원성을 들을 각오를 하라고 강조했다. 마치 부모의 '큰 사랑'이 너무 엄격하고 매정해서 자식들이 쉽게 오해하고 원망하는 것처럼 때로 '큰 사랑'은 별로 인기가 없다.

하루가 다르게 급변하는 글로벌 환경 속에서 멈추지 않고 도전해 나가려면 개인적인 인기에 연연해서는 안 된다. 항상 '위기의식'을 가지고 긴장을 늦추지 말아야 한다. 인기가 있는 것과 조화를 이루는 것은 완전히 다른 것으로, 인기 있는 정치가가 국민의 뜻과는 상관없이 온 나라를 전쟁터로 만들 수도 있음을 우리는 잊지 말아야 한다.

창의적 혁신 Innovation
**우리에게 다음에 하고 싶은 일이란 없다.
지금 바로 할 수 있는 일만 있을 뿐이다**

창의적 혁신을 끊임없이 지속한다

❶ 창의적 혁신은 어제보다 나은 일을 오늘하고 오늘보다 한걸음 발전된 일을 내일하는 것이며, 지극히 사소한 것처럼 보이는 일에 대해서도 어떻게 하면 가능성을 찾을 것인가를 창조적으로 고민하는 생각이다.

❷ 경이롭고 대단한 기술의 개발은 처음부터 세련된 기술이나 놀라운 발견에서 나오는 것이 아니다. 현재의 기술을 개선하려는 끊임없는 노력이 쌓이고 쌓여 오랜 시간 동안 대단한 기술로 발전하는 것이다.

❸ 창의적이고 혁신적인 창조성을 가지고 기업을 바꾸려면 모든 구성원의 참여와 동의가 필요하다. 직장에서 하는 지극히 단순한 업무라도 창조적 사고방식과 실험정신만 가지고 있다면 변화는 가능하다. 논리적인 사고방식과 창조적인 마음 그리고 계속되는 시행착오에서 배우는 인내심이 기술혁신과 과학발전의 토대가 된다.

❹ 창의적 혁신을 평생 습관화해야 한다.

창의적 리더가 된다

　리더는 항상 창조적인 마음을 가지고 있어야 하며 구성원들에게 항상 새로운 것을 추구하며 창조해 가는 사고방식을 심어주어야만 한다. 다시 말해서 창조적인 사고방식을 항상 조직에 불어넣지 않으면 지속적인 혁신과 발전은 기대하기 어렵다는 뜻이다.

　리더가 현재의 상황에 만족해 있으면 조직도 현 상태에 만족하고 정체되어 언젠가는 퇴보할 수밖에 없다. 이런 성향을 가진 리더가 조직을 이끌어 간다면 불행은 예고된 것과 같다. 창조라는 것은 의식을 집중하며 숨겨진 잠재의식의 힘을 깨우고 심사숙고하는 고통의 과정 속에서 탄생하며 결코 단순하고 즉흥적인 착상이나 어설프고 어중간한 생각으로는 얻을 수 없는 것이다.

　창조는 자신의 마음속에서 끊임없이 생각을 가다듬어 현실상황을 냉철히 판단하고 지속적으로 고민하는 과정으로, 갑자기 하늘에서 뚝 떨어지거나 땅을 뚫고 용솟음쳐 나오는 것이 아니기 때문에 오히려 대가 없이 얻어지는 것을 경계해야만 한다. 리더는 목표를 달성하기 위해서 항상 깨어 있어야 하며 언제나 고민하지 않으면 안 된다. 언제나 뼈를 깎는 듯한 참을 수 없는 고통 속에서 새로운 것은 창조된다.

> 창조적인 마음은 가슴에 품었던 강한 야망을 끊임없이 계속 추구하는 것이다.

2 단순하게 생각한다

경영자는 매일 여러 가지 복잡한 문제에 직면하지만 어떤 일이 경영자의 귀에 들어올 정도가 되면 이미 대처 시기를 놓치고 해결하기 어려운 상황이 되어 있는 경우가 많다. 문제를 분석하고 해결책을 찾아야 하지만 이미 해결불능의 상태가 되어 있거나 명쾌한 답이 보이지 않는 경우가 대부분이다. 문제가 불거진 상태에서는 해결책을 찾을 수 없다.

뒤엉킨 실타래를 풀어나가듯이 왜 이런 문제가 발생했는지 원점으로 돌아가서 다시 한 번 생각해 보고 현상을 하나씩 점검하여 사건발단의 본질을 더듬어가다 보면 어떻게 문제가 발생해서 여기까지 확대 재생산 됐는지 파악할 수 있다. 거의 대부분의 경우, 놀라울 정도로 단순한 문제가 일을 복잡하고 꼬이게 만들었다는 것을 알 수 있다. 단순한 문제의 발단을 단서로 삼아서 뒤얽힌 복잡한 문제를 풀어나가야만 하는데 많은 사람들은 악화된 상황 그대로 문제를 해결해 가려고 하기 때문에 일은 점점 더 얽히고 꼬여서 누구도 손을 쓸 수 없는 최악의 상황으로 치닫는 것이다.

지극히 쉽고 단순한 것을 지나치게 어렵고 복잡하게 생각해서 처한 상황이나 해결해야 될 문제를 더 어렵게 만드는 사람들이 주변에는 의외로 많다.

> 리더에게 수많은 현상 속에서 본질을 발견할 수 있는 능력은 반드시 필요하다.

▒ 솟구치는 정열을 쏟아붓는다

 새로운 분야에 적극적으로 도전하지 않으면 기업이나 사회, 개인의 장래는 불투명하게 된다. 그러나 새로운 세계에 대한 도전은 기술개발을 바탕으로 하거나 새롭게 시장을 개척해야 하는 등 생각해 보면 어려운 문제투성이다. 한 번도 경험해 보지 못한 한계상황이 기다리고 있으며 예상치 못한 어려움에 빠질 수도 있다.

 이런 어려운 환경을 극복하기 위해서는 강력한 에너지가 필요한데 나는 규모가 크고 중요한 일을 성공적으로 달성하기 위해 자주 "미쳐라!"라는 말을 직원들에게 한다. 성공을 위해서는 정열을 불태우는 열정이 반드시 필요하기 때문이다. 정열은 극복하기 어려워 보이는 장애물을 뛰어 넘고 과감하게 도전하기 위해 꼭 필요한 에너지로, 결코 포기하지 않는 강한 의지이자 적극적 사고이며 긍정의 힘이다. 불타는 열의, 강렬한 의지력, 굳은 결의와 진념 등이 장애를 극복해 내는 힘의 원천이다. 장애를 극복하기 위해서는 반드시 이런 힘이 필요하며 내가 말하는 "미쳐라!"라는 것은 스스로 놀랄 만한 에너지로 가득 찬 상태가 되라고 요구하는 것이다.

> 어려움을 극복하고 성공하기 위해서는 에너지를 집중하고 내 안에 숨겨진 잠재능력을 일깨워야 한다.

생각을 한 차원 높인다

수학의 노벨상 격인 필즈상을 수상한 히로나카 헤이스케 박사는 '복잡한 현상은 단순한 사실의 투영에 불과하다'고 생각했고 어려운 문제를 한 차원 높은 사고력으로 간단히 해결했다. 예를 들어, 신호가 없는 교차로가 있다고 하자. 만약 사거리의 네 방향에서 차가 들어오면 다중충돌은 피할 수 없지만 한 차원 높게 생각해서 입체 교차로를 만들면 빠르고 원활하게 소통된다. 입체교차로를 하늘에서 내려다 보면 2차원의 평면으로 보이고 네 방향에서 빠른 속도로 달려오는 차가 교차점에서 부딪치는 것처럼 보이지만 실제로는 아무런 충돌 없이 무사통과한다.

인생이나 사회생활도 실제로는 다양하고 복잡해서 수많은 인간관계, 친척이나 친구관계 등도 때때로 귀찮고 매우 혼란스럽게 느껴진다. 하지만 이러한 인간관계도 '단순한 사실이 투영된 것에 불과하다'고 생각해 보면 아무리 복잡한 관계나 현상이라고 해도 단순한 사실과 상식적으로 판단할 수 있는 보편적인 현상에 그 뿌리를 두고 있다는 것을 깨달을 수 있다.

가장 중요한 것은 그것을 바라보는 우리들의 마음일 것이다. 비즈니스 세계나 과학 분야에서도 마찬가지로 한 차원 높게 생각하지 못하기 때문에 현상이 복잡해지고 상황을 악화시키는 경우가 많다.

> 복잡한 문제를 해결하기 위해서는 우선 자신의 생각을 한 차원 높여서 사물을 단순하게 바라보는 눈을 가져야 한다.

5 고난에 정면으로 맞선다

어떤 문제를 반드시 해결해야만 할 때는 아무리 힘든 상황에 처해도 절대로 도망치지 말고 정면으로 맞서 싸워야 한다. 이 싸움에서 이기려면 자신을 스스로 벼랑 끝으로 몰아 세우는 절박감이 필요하다. 무슨 일을 해도 '반드시 끝까지 해내고야 만다'는 사생결단의 정신이 필요하지만 동시에 '도저히 할 수 없겠다'거나 '뭐 그 정도야' 라는 선입견은 모두 버려야 한다. 솔직한 마음과 바른 시각으로 모든 상황을 있는 그대로 보고 이기심이나 편견을 버려야만 사물의 본질을 꿰뚫고 참모습을 알 수 있기 때문이다.

또 신속하게 일을 처리해야 되는 상황이 되어 초조하고 조급해져도 현재의 상황을 있는 그대로 받아들이는 솔직함과 자신을 낮추고 마음을 비우는 겸허한 자세를 잊지 말고 유지해야 한다. 진실 되고 겸손한 마음은 지금까지 쉽게 보고 지나친 것들 중에서 소중한 것을 알게 해주는데 이런 깨달음은 신이 주는 계시와도 같은 것이다. 하늘이 내려주는 기발하고 창의적인 영감은 다급하고 절박해진 상황 속에서도 겸손하고 진정성 있는 태도를 유지해야만 나온다. '하늘은 스스로 돕는 자를 돕는다'는 말처럼 주어진 상황과 맞서 싸워나가며 스스로를 돕는 용기 있는 자세가 필요한 것이다.

> 창의적 혁신가는 아무리 힘든 상황에 처해도 겸손함과 신념을 가지고 스스로 헤쳐나갈 수 있는 개척자 정신을 소유한 사람이다.

6 진리와 원칙이 있는 원점으로 돌아간다

높은 산을 등반할 때 갑작스럽게 짙은 안개로 앞이 보이지 않아 위험한 상황에 빠지는 경우가 종종 있다. 이때에는 현재 위치와 등반 루트를 확인하고 조난당하지 않도록 베이스캠프로 되돌아가서 다음 기회를 기다려야만 하는데 이것은 어려운 연구 분야에 도전할 때나 신규 사업에 참여할 때도 마찬가지로 꼭 들어맞는다.

새로운 일에 도전했을 때 몇 번씩 벽에 부딪치거나 긴장해서 숨이 막힐 것 같은 경험을 해보았을 것이다. 이런 때일수록 문제의 본질은 보지 못하고 해결책 찾기에만 급급하기 쉽기 때문에 문제를 해결해 가는 과정에서 목표와 약간 엇갈린 방향으로 가기도 한다. 몇 번쯤 이런 과정을 반복하다 보면 당장 눈앞에 닥친 문제는 해결할 수 있을지 모르지만 자기의도와는 상관없이 처음 마음먹은 계획과는 다른 방향으로 목표가 이탈해 버리기도 한다.

이런 경우, 스스로 생각하기에는 수많은 역경과 고난을 헤쳐왔기 때문에 그 결과에 만족할 수도 있지만 최종 결과가 본래 의도했던 계획이나 마음속에 그렸던 성공의 모습과 다르다는 것은 부인할 수 없는 사실이다.

> 새로운 분야에서 성공하려면 빠른 시간 안에 최선의 결정을 내려야만 한다. 항상 원점을 기준으로 눈에 보이는 것만을 좇지 말고 보이지 않는 사물의 본질을 꿰뚫어 보아야 한다.

7 진정한 진리를 찾아 나선다

"발명과 발견의 과정은 철학의 영역이며 이것이 논리적으로 증명되어질 때 과학이 된다"는 전前 교토대 명예교수 다나카 미치타로 박사의 말을 듣고 나는 매우 깊은 감명을 받았다. 과학의 세계에서는 이미 증명된 상식과 진정한 진리 사이에 큰 틈이 있고 이 틈을 채워주는 정신적 활동이 발명과 발견이라고 말할 수 있다. 다시 말하면 아무리 과학적 상식의 수준이 높고 많은 지식을 가지고 있어도 진정한 진리의 창조는 불가능하다는 뜻이다.

갈릴레오는 태양이 우주의 중심이라는 지동설을 주창했다. 지구가 우주의 중심이라고 생각했던 당시에는 천동설이 상식으로 통했기 때문에 갈릴레이의 주장은 단순히 철학적인 개념으로 여겨져 사람들에게 비판을 받았다. 그러나 그는 자신의 신념을 굽히지 않았고, 갈릴레이의 지동설은 이후에 증명되어 과학적 상식으로 받아들여졌다. 진정한 진리의 창조는 현재의 과학적 지식을 바탕으로 한 영감에서 출발한다. 이 영감은 발명과 발견의 과정을 거쳐 철학을 만들고 이것이 증명되면 비로소 모든 사람이 납득할 만한 과학이 되는 것이다.

> 진정한 진리를 창조하려면 상식과 관습적으로 받아들여지는 과학적 지식을 과감히 거부해야 한다.

◉ 남에게 의지하지 않고 자신의 길을 간다

 뭔가 새로운 프로젝트를 진행할 때, 옳은 길을 똑바로 걸어가는 것이 중요하며 그 누구도 예상치 못한 고난이 닥쳐와도 결코 타협하지 말아야 한다. 어떤 의미에서는 자유를 갈구하는 마음을 일깨우는 일이라고도 말할 수 있다.

 '무뢰한無賴漢'이란 보통 부모에게 반항하고 기존체제에 반기를 들며 권위를 무시하는 사람, 오직 자신이 하고 싶은 것만 고집하는 사람이다. 하지만 진정한 의미의 무뢰한은 독립심을 갖추고 있기 때문에 남에게 의지하지 않고 안일한 생각으로 타협하거나 아는 척 하지 않으며 남에게 의지하지 않음에서 오는 진정한 자유가 있다. 진정한 무뢰한은 남을 의지하지 않고 스스로를 믿고 자신의 길을 묵묵하게 가는 사람이다.

 오직 자신만을 믿고 자유를 추구한다면 '무뢰'는 확실히 '창조적인 것'으로 바뀐다. 모든 구속으로부터 자유롭게 된다면 자신의 신념을 끝까지 지킬 수 있는데 이 자유정신이 없다면 창조성도 없는 것이나 다름없다.

> 창의적 혁신을 불러일으키려면 자유로운 사고방식을 가지고 진정으로 성공을 갈망해야 한다.

🔹 주식회사 일본은 일본식 경영을 한다

한때 '일본식 경영기법'이 세계적으로 주목받은 적이 있었다. 구미 선진국 사람들은 "어째서 일본 직원들은 목숨을 걸고 회사를 위해 충성을 다하며 열심히 일하는 것인가?" 라고 물으며 도저히 이해할 수 없다는 반응을 보였다. 하지만 대부분의 사람들은 분명 일본에는 '마법의 경영 시스템'이 따로 있을 것이라고 입을 모았다. 그러나 그런 것은 없었다.

일본기업이 경쟁력을 갖출 수 있었던 것은 '근면 성실하게 일한다'는 전통적인 일본식 가치관을 기본적으로 가지고 있는 사원들의 헌신적 자기희생과 피나는 노력 덕분이었다. 그러나 향후 10년간 기업 내 중심세력으로 풍요로운 시대에 태어나서 자란 세대가 등장하기 시작했고 개인주의적 성향이 점점 강해지고 있다. 앞으로 이런 현상이 계속된다면 아마도 지나친 개인주의 성향이 만연되어 사람들은 진정한 일의 가치를 잃어버리고 많은 기업들은 경쟁력을 상실해 쇠퇴의 길로 접어들 가능성이 매우 높다.

미국에서도 휴렛팩커드처럼 독자적인 기업철학과 이념을 통해서 지속적인 발전과 성장을 이루는 기업도 있지만 경영자는 직원들이 가지고 태어난 근면성과 전통적 가치관에 만족해서는 안 된다. 젊은 사원들에게 경영철학과 기업활동의 본질적인 의미를 가르치고 인생의 보다 높은 목적을 적극적으로 알려주어야 한다.

> 마법의 경영 시스템 같은 것은 없다. 다만 의욕적이고 열정에 가득 찬 사원들이 있을 뿐이다.

창의적 혁신 | Q&A

Q 연구개발에 막대한 예산을 투입하지 못하는 창업 초기 기업이나 소기업인 경우는 어떻게 해야 하는가?

A 이런 때야말로 더욱 더 창의적 혁신이 절대적으로 필요한 시기이다.

Q 구체적인 예가 있다면?

A 교세라의 전신인 교토세라믹은 1959년에 설립되었다. 우리는 창업 당시 언제나 보다 독특한 아이디어가 넘치는 반도체용 패키지, 자동차용 엔진부품, 세라믹까지 여러 분야에서 잠재수요를 목표로 한 새로운 응용제품에 몰두했다. 첫 번째 성공 예는 집적회로LSI를 채택한 세라믹 패키지였다. 얇은 세라믹 판 사이에 전극을 끼우고 코팅하여 밀착시키는 고품질 세라믹 패키지를 만든다는 것은 당시로서는 획기적인 아이디어로 전문가들조차도 그런 일은 불가능하다고 말했을 정도였다. 이후 반도체 패키지에 사용되는 코팅기술을 응용해 세라믹 히터까지도 만들 수 있게 되었는데

현재 교세라의 세라믹 히터는 독창적이고 독특한 제품으로 인식되어 자동차 업계와 다른 분야까지 그 활용범위를 넓히고 있다.

Q 회사의 리더로서 이노베이션의 정신을 어떻게 장려하고 있나?

A 첫 번째로 '어제보다 나은 오늘을, 오늘보다 밝은 내일을' 만들어야 함을 강조하고 있다. 우리는 이것을 '개선'이라고 부른다. 두 번째로 기업의 책임자로서 내 자신이 먼저 창조적인 모습을 보이고 구성원들도 공감대를 형성해 동참할 수 있도록 기업을 경영한다. 세 번째로 이런 노력들을 1년 365일 중단 없이 지속하기 위해 세심한 주의를 기울인다. 끝으로 회사의 수준을 한 단계 끌어올리는 혁신 방법은 '마법의 특효약'을 찾으려는 시도를 멈추는 것이다. 각 개인이 한 걸음 한 걸음씩 창의적 혁신을 추진하려는 노력을 계속하면 자연스럽게 기업도 매일매일 발전되어 가는 것이다.

Q 이노베이션이 '미지의 분야를 개척해 가는 일'이라면 미지의 분야에서 어떻게 확실한 비전을 가질 수 있는가?

A 각 개인이 하고 있는 일은 어떤 목표를 향해서 놀라운 의지의 힘을 집중하는 활동으로 목표는 잠재의식 속으로 편입되어 잠재의식이 모델을 형성해 시뮬레이션을 수행한다고 볼 수 있다. 강한 야망을 가진 사람이라면 누구나 이렇게 할 수 있을 것이다. 중요한 것은 현재 어느 정도 부족한 점이 있다고 해도 꿈을 실현하려는 노력을 계속해야 한다는 것이다. 처음 교세라를 시작했을 때 언제나 계획을 점검하며 꿈을 나누고 반성하는 자세로 서로 논의를 거듭했다.

일본 제2전신전화KDDI를 설립했을 때도 상황은 마찬가지였다. KDDI는 지금도 거의 독점기업체인 일본전신전화NTT에 도전해 경쟁에서 성공한 회사로 인식되고 있다.

KDDI는 NTT에서 매우 뛰어난 5명의 기술자를 스카우트했다. 주말마다 이 5명과 교세라의 영빈관이라 불리는 '화륜암'에 머물며 KDDI를 어떻게 설립하고 성공적으로 운영할지를 논의했다.

이처럼 우리는 주말에도 쉬지 않고 6개월간 논의를 지속하고 난 후에야 비로소 확실한 비전을 발견할 수 있었다.

KDDI를 설립하기로 결심했던 것은 우리가 함께 논의 중에 발견한 비전에 확신이 있고 이 사업이 실현가능하다는 결론에 도달했기 때문이다. 장애는 수없이 많았지만, 우리는 비전이 확실했기 때문에 이를 극복할 수 있었다. 시간이 흐를수록 불안과 초조는 완전히 사라지고, 우리는 점점 더 이 꿈은 반드시 실현된다는 확신에 가득 차게 되었다.

적극적 사고 Optimism
긍정적으로 구상하고 비관적으로 계획하고 낙관적으로 실행한다

언제나 긍정적으로 생각한다

❶ 아무리 어려운 상황에 처해도 언제나 밝고 긍정적인 열의를 계속 유지해야 한다. 항상 자신의 목표를 향해 끊임없이 노력하고 솔직한 마음을 가진다. 불평불만과 부정적인 생각은 마음속에서 지워야 한다.

❷ 기업가에게는 아무리 어렵고 힘든 상황이 닥쳐와도 그것을 뚫고 나가려는 굳은 결의, 노력, 의지가 반드시 필요하다. 또 힘든 상황에 부딪쳐도 부정적이고 비관적인 방법으로 해결하려 해서는 안 되며 염세주의적인 세계관도 버려야 한다.

❸ 긍정적인 사고방식과 태도는 반드시 성공으로 연결된다는 생각으로 매일 이미지 트레이닝을 한다. 허무주의자, 염세주의자, 비관주의자가 노력해서 성공한다는 것은 매우 힘든 일이다. 중요한 것은 리더의 태도가 긍정적이든 부정적이든 구성원들의 태도에 곧바로 영향을 준다는 사실이다. 리더의 태도는 관계를 맺고 있는 모든 사람에게 어떤 형태로든 영향을 주기 때문에 적극적 사고는 매우 중요하다.

1 비전을 가지고 시작한다

나는 새로운 사업을 시작하면서 한 번도 성공을 의심해 본 적이 없다. 불안한 마음에 잠 못 이룬 적도 없었다. 물론 언제나 순탄한 길만 걸어온 것은 아니며 실전에서는 한 걸음씩 전진해 갈 때마다 예상치 못한 일이 발생하고 어려운 난관에 부딪친다는 것도 잘 알고 있다. 그러나 나는 한 번도 미리 실패를 우려해 본 적이 없다.

그 이유는 사업의 성공 가능성, 성공에 이르는 과정에 대한 확신과 명확한 비전이 없이는 사업을 시작하지 않기 때문이다. 장차 닥쳐올 난관을 대비해 헤쳐 나갈 수 있는 방법을 미리 마음속으로 그려보고 충분한 대비책을 준비하는 것은 성공을 위해 반드시 필요한 조건이다.

처음 사업을 시작하거나 완전히 새로운 프로젝트를 맡았을 때도 마치 예전에 경험했던 일처럼 완벽하게 상황을 이해하고 전반적인 사항을 충분히 숙지하고 있어야만 한다. 이렇게 하기 위해서는 잠 잘 때나 깨어 있을 때나 언제, 어디서든 항상 의식적으로 일의 중심을 잡아 집중력을 발휘해야 하며 지금 무엇을 해야 하는지 끊임없이 스스로에게 물어야만 한다.

불확실한 것을 최소화하고 발생할 수 있는 모든 문제에 대해 심사숙고하여 해결책을 미리 준비해 둔다. 머릿속에 뚜렷한 이미지가 만들어질 때까지 가상적인 현실을 통해 반복적으로 미래상을 만들어 가는 이미지 메이킹 훈련을 한다. 나름대로 그려본 상이 뚜렷한 이미지로 다가올 때까지 이 방법을 계속 반복한다.

> '뚜렷한 비전'은 성공에 이르는 확신과 끊임없이 노력하는 강한 의지를 만들며 다른 사람들에게도 꿈과 희망을 심어주어 함께 성공할 수 있도록 돕는다.

2 원대한 꿈은 정열을 부른다

비즈니스에서 성공하기 위해 가장 먼저 할 것이 있다. 먼저 꿈을 꾸고, 그 꿈에 미쳐야 한다.

일반적으로 사업을 할 경우에는 주변에서 '자신의 꿈에 미쳐서는 안 된다'고 자주 말한다. 왜냐하면 비즈니스에서 성공하기 위해 철저한 재정분석과 신중한 계획이 필요하기 때문이다. 어쩌면 '자기 자신의 꿈에 도취된 상태로 사업을 시작해서는 안 된다'고 충고하는 사람들은 스스로 꿈에 취해 물불을 가리지 않고 서슴없이 무모한 행동을 하는 위험성에 대해 경고한 것일지도 모르겠다. 그러나 나는 꿈과 강한 정열만이 비즈니스 활동 중에 발생할 수 있는 힘든 상황과 어려움을 이겨내고 성공으로 이끄는 데 절대적으로 필요한 힘이라고 굳게 믿고 있다.

내가 독점기업인 NTT일본전신전화에 대항해 도전할 수 있었던 것은 나만의 꿈에 미쳐 있었기 때문이다. 만약 내가 내 꿈에 미치지 않았다면 일본 제2전신전화KDDI는 절대로 설립할 수 없었을 것이다. 당시에는 막대한 자금의 투자가 필요하고 그 누구도 성공을 장담할 수 없는 막연한 상황에서 누구에게나 위험부담이 너무 크고 무모한 미친 짓으로 보였다. 자연스러운 일이지만 실제로 사업을 시작하면 언제까지나 자신의 꿈에만 미쳐 살 수 없는 것이 현실인데 이것은 어젯밤의 꿈에서 깨면 변함없이 아침이 오는 것과 비슷하다.

사업이 시작되는 순간, 경영자는 곧바로 현실상황을 직시하고 냉철한 사고에 근거해 이성적으로 판단하며 쓸데없는 손실은 줄이고 실천적인 구체적 방법을 강구해 일을 성공적으로 이끌어 나가야 한다. 하지만 그럼에도 꿈에 미쳐야 하는 분명하고 명확한 이유가 있다. 원대한 꿈은 잠자고 있던 정열을 일깨우기 때문이다. 정열이 있어야만 성공에 다가설 수 있음을 잊어서는 안 된다.

> 꿈에 미쳐라! 그러면 꿈을 실현시키는 정열이 용솟음쳐 나온다.

실패는 새로운 도전의 기회가 된다

한번은 미국의 저널리스트로부터 "어떻게 해서 이렇게 성공한 회사를 만들었나?"라는 질문을 받았다. 나는 잠시 생각하고 나서 "여러 성공요인 중 한 가지는 실패해도 책임을 묻지 않았기 때문이다"라고 말했다. 저널리스트가 귀신에 홀린 듯한 표정을 하고 있었기 때문에 나는 좀 더 자세하게 다시 설명해 주었다.

우리 회사는 사원 누구에게나 회사의 발전을 위해 과감히 도전할 수 있는 기회를 주고 있으며, 혹시라도 실패해서 회사에 막대한 손해를 입히는 좋지 않은 결과가 나와도 그에게 아무런 책임을 묻지 않는다는 불문율이 있다. 만약 그 도전이 회사와 전체 사원들을 위하는 일이었으며, 성실하게 추진했고, 게다가 사심 없이 노력한 최선의 결과였다면 책임을 물을 이유가 없다는 것이 회사의 원칙이다. 때에 따라서는 실패로 안 좋은 결과를 낸 사원에게 곧바로 한 번 더 기회를 준다. 당사자는 매우 당혹해 하고 놀라지만, 설령 전에 했던 일이 실패로 끝났다고 해도 그로부터 많은 것을 확실하게 배웠기 때문에 다음 일을 맡길 만한 자격이 있다고 생각하기 때문이다.

교세라의 철학은 '경천애인敬天愛人, 하늘을 공경하고 사람을 사랑한다-옮긴이'이다. 모든 사원들은 이 기업철학에 근거해 올바른 목적과 성실한 마음으로 맡은 바 소임을 다하고 있는데 '어떠한 실패도 결코 두려워하지 않는다'는 마음가짐으로 자신의 일에 최선을 다할 수 있는 것이다.

> 실패해도 책임을 묻지 않는다면, 그 사람에게는 자유롭게 도전할 수 있는 새로운 기회와 한 번 더 노력해보자는 새로운 용기까지 주게 된다.

4 일을 예술의 경지까지 끌어 올린다

어떤 생산현장에나 리듬을 타면서 신나게 작업하는 사람과 그렇지 못한 사람이 있다. 리드미컬하고 자연스럽게 일에 전념하는 사람의 작업동작은 우아하게 계속 연결되고 꼭 필요한 동작만 경쾌하게 하기 때문에 보는 사람이 다 즐거울 정도다. 반면에 느릿느릿 동작이 어색하고 딱딱한 사람들도 있는데 동작이 연결되지 않고 쉽게 끊기거나 불필요하게 자리를 이리저리 옮겨 다녀서 보고 있는 사람을 불안하게 만드는 경우도 있다. 이 두 사람을 비교해 보면 리듬을 타면서 즐겁게 일하는 사람이 그렇지 못한 사람보다 더 생산성도 높고 활기에 가득 차 있다는 것을 알 수 있다.

골프의 경우를 예로 들어보면 세계적인 골프선수들은 자기만의 리듬감에서 나오는 타격 스타일과 스윙방법이 독특하며 개성이 넘치고 거의 예술의 경지에 올라 있다. 우리는 예술적 경지에 오른 운동선수들의 멋지고 환상적인 플레이를 보면 한결같이 감탄사를 연발하는데 비단 골프뿐만 아니라 다른 스포츠의 경우도 마찬가지다. 우리가 지금 하고 있는 일도 적극적 사고로 예술의 경지까지 끌어올릴 수 있어야 한다.

> 생산성과 효율성을 높이고 최고 품질의 명품을 만들려는 노력을 계속하면 우리가 지금 하는 일도 예술의 경지에 오르게 된다.

5 상식의 틀을 깨면 변화가 보인다

경기변동이 극심할 때에도 항상 꾸준하게 이익률을 5%로 유지하는 기업이 있다. 경영자가 가이드라인을 평균수익률 5%로 설정했기 때문에 목표달성이 가능한데 이런 경영자는 이익을 5%로 유지해야 한다는 한계상황을 무의식적으로 정해 놓은 사람이다. 수익률이 떨어지면 온갖 수단과 방법을 동원해 5%의 이익률을 유지하며 자기도 모르게 잠재의식 속에 5%의 이익률을 유지하면 된다는 고정관념을 만들어 놓는다.

그러나 당연한 말이지만, 이런 경영방식으로는 5%이상의 수익은 올릴 수 없다. 이것이 무서운 정신력의 힘이다. 이런 경우, 현상은 유지할 수 있어도 효과적인 개선이나 한 단계 높은 발전은 기대할 수 없다. 무의식적으로 5% 이상은 불가능하다고 스스로 한계를 정해 놓은 것과 마찬가지이므로 10%, 15%, 또는 그 이상의 수익을 올리려고는 하지 않는다.

이와 같은 실수는 자신의 상식만 믿고 목표를 세우기 때문에 일어난다. 스스로 정한 한계상황의 수익률에만 만족하고 그 이상의 수익을 올리기 위한 도전은 하지 않는다. 스스로 정한 한계상황을 기준으로 경영을 해서는 안 된다. 정해진 틀을 깨는 '무한도전의 자유인'이 되지 않으면 창조적 발상을 하거나 높은 수익률을 올리는 것은 불가능하다.

> 리더는 상식의 틀을 깨고 변화를 주도할 수 있어야 한다.

6 긍정적 사고를 습관화한다

올바른 판단을 내리기 위해서는 현실 상황을 정확하게 인식할 수 있어야 한다. 그러나 말은 쉽고 행동은 어렵다. 실제로는 '진실' 하나만 있으면 되지만, 인식은 관찰자의 시각에 따라 좌우되고 현상은 관찰하는 사람의 마음속 필터를 통과해서 보이기 때문에 같은 사실이라도 사람마다 전혀 다르게 해석된다. 이것은 우리들이 매일 경험하는 일이며 현실상황은 사람의 마음속 필터에서 걸러진다.

만일 자신의 일에 최선을 다하는 사람이 있다고 하자. 이 사람은 한 번밖에 없는 인생을 보람차고 행복하게 보내기 위해 일에 있어서는 그 누구보다 최선의 노력을 다해 열심히 살고 있기 때문에 참인간상을 실현하는 '선한 사람'이라고 말할 수 있다. 하지만 인생의 진짜 즐거움은 모른 채 가족과 자신의 건강도 돌보지 않고 오직 일에만 집중하는 '일중독자'의 시각으로 본다면 그 사람의 행동은 '악'이 될 수도 있다.

이렇게 단지 겉모습만 가지고 어느 것이 올바르다고 말하기는 어렵다. 세상의 모든 일을 눈에 보이는 상황만으로 판단할 수 없기 때문이다. 어차피 현실상황이 개인의 주관에 의해 좌우되고 판단된다면 세상 사람들의 선의를 좋게 받아들이고 모든 것을 선하게 바라보는 긍정적인 세계관을 습관화해야 한다고 생각한다.

> 부정적인 세계관은 사람의 성장을 방해하며 문제해결을 어렵게 한다. 반면, 긍정적인 세계관에 근거한 인식과 판단은 좋은 결과를 만든다.

7 시작이 좋으면 반드시 끝도 좋다

 신제품 출시와 신기술의 개발 그리고 신시장의 개척 등 새로운 일을 시작해 성공시키는 사람은 긍정적으로 구상할 줄 아는 사람이다. 새로운 프로젝트를 맡았을 때는 뭔가 해내고 싶은 꿈과 정열을 불태우는 것이 더 중요하며 강한 긍정의 힘으로 목표를 설정해야 한다. 우선 신은 인간에게 무한한 가능성이라는 힘을 주셨다는 것을 믿어야 하는데 '난 할 수 있다'는 자기암시를 무한 반복하고 스스로를 굳게 믿는 것이다.

 그러나 일단 계획 단계에 들어서면 비관적인 태도로 계획에 임해야 한다. 그리고 최초 구상이 실현가능한 계획인지 과연 현실성은 있는지 냉정하게 바라보고 어떤 문제점은 없는지 상세하게 검토하여 만에 하나 일어날 수도 있는 상황에 대비해야 한다. 그리고 나서 가능한 한 최상의 대비책을 수립해 두어야 한다. 또 비관적 요소에 대한 신중한 대책을 수립해 계속 수정·보완해 가며 실행단계에서는 낙관적으로 행동해야 한다. 과감한 추진력으로 성공을 이끌기 위해서는 비관적으로 사고하거나 행동해서는 안 된다. 먼저 긍정적으로 구상하고 그 다음 단계로 비관적으로 계획하며 끝으로 낙관적 행동을 취함으로써 고정관념을 유연한 사고방식으로 전환할 수 있다.

> 긍정적으로 구상하고, 비관적으로 계획하고, 낙관적으로 실행한다.

적극적 사고 | Q&A

Q 비즈니스 위기 상황에서 리더는 어떻게 밝고 긍정적으로 사고할 수 있는가?

A 언제나, 어떤 상황 속에서도, 리더는 밝고 긍정적인 자세를 유지해야 한다. 경기 침체로 회사의 분위기가 침울해지기 쉬운 때라도 리더의 밝고 긍정적인 태도는 매우 중요하다. 또 리더 자신이 '꿈은 반드시 이루어진다'는 믿음을 가지고 확신을 구성원들과 함께 나눌 필요가 있다. 위기 상황에 처해도 현실을 직시하고 현재 상황 속에서 가장 빠르고 즉각적인 대책을 수립해야 한다. 경기가 하강 국면이기 때문에 더욱 악화될 수 있다고 비관적인 생각을 하는 리더보다는 경기는 항상 순환하기 때문에 조만간 회복될 것이라고 기대하는 긍정적 태도를 가진 리더가 조직을 보다 좋은 방향으로 인도해 갈 수 있다.

Q 적극적 사고의 개념을 일상생활에서도 적용할 수 있을까?

A 내가 굉장히 감명 깊게 읽은 책인 『성공에는 끝이 없고 실패는 최종결과가 아니다』의 저자 로버트 슐러Robert H. Schuller는 책에서 "인생에 대한 낙관적이고 긍정적인 세계관은 인간으로서 훌륭한 인생을 보내기 위해 가장 중요한 전제조건"이라고 말했다. 나도 이 말에 전적으로 동감한다. '인생이란 자신이 생각한 대로 이루어진다'는 것을 굳게 믿고 살아가는 것이 가장 중요하다. 무슨 일을 하거나 항상 긍정적인 결과를 기대하며 인생을 살아가야 한다.

Q '긍정적으로 구상하고, 비관적으로 계획하며, 낙관적으로 실행한다'는 가르침을 교세라는 어떻게 실천하고 있는가?

A 교세라에는 '긍정적인 구상'을 실천하기 위해 리더와 구성원 간에 마음을 터놓고 자유로운 분위기 속에서 대화하는 '컴파'라는 일과후 모임이 있다. 컴파는 컴패니언companion, 즉 '동료'라는 뜻으로 구성원들 간에 동료로서 때로는 친구로서 우정을 나누고 마음껏 즐기는 시간인 동시에 교육의 장으로도 활용된다. 또, 솔직히 의견을 나누거나 브레인스토밍을 하거나 서로의 꿈에 대하여 이야기를 나누는 시간

으로도 이용된다. 나는 '컴파'에서 자주 새로운 아이디어를 논의하며 터무니없는 상상의 나래를 펼치기도 한다. 그러면 단순히 하나의 '좋은 생각'에 불과했던 아이템이 '특별하고 구체적인 아이디어'로 바뀌고 함께 이야기하며 공감대를 형성했던 사람들 공동의 '꿈'이 되어간다. 이렇게 실현 불가능해 보이던 아이디어가 고정관념을 극복한 '컴파'를 거쳐서 가치 있고 실현가능한 비전으로 만들어진다. 많은 프로젝트가 이렇게 편하고 자유로운 분위기 속에서 탄생하는 것이다.

일단 새로운 프로젝트에 착수하기로 결정한 후에는 만에 하나 일어날지 모르는 일에 대한 대비책을 검토해 치밀하고 상세한 계획을 신중하게 수립한다. 회사 차원에서 프로젝트 기획을 진행하지만 프로젝트에 관한 전반적인 사항은 각 부서에서 면밀히 체크하고 좋은 의견은 더 보충해 최종적으로 결정권자의 책상에 오르게 된다. 기획서에는 프로젝트를 담당할 실무자에 대한 능력과 무엇보다도 중요한 열정의 정도가 반영되어진다. 프로젝트는 내용이 충실하고 회사의 역량을 집중할 만한 가치가 있어야 하지만, 기획이 아무리 뛰어나다고 해도 책임감을 가지고 성공으로 이끌 만한 능력 있는 인재가 없다면 그 프로젝트는 진행하지 않는다. 바로 프로젝트 기획서가 결재되면 1년간의 마스터플랜과 월간 예정사항을 작성하는데 이때 내가 구성원들에게 강조하는 것이 '낙관적으로 대담하게 추진하고 책임감을 갖자!'이다. 또 '긍지를 가지고 꿈을 실현하자'라고도 말한다. 간부회의에서는 각각의 그룹이 마스터플랜을 제출하지만 미래 발전가능성이 없는 계획은 현실성이 떨어지는 계획보다 더 혹독한 평가를 받는다.

Q 교세라에서는 어떻게 '컴파'를 시작했나?

A 구성원들에게 내 생각을 좀 더 잘 전달하고 싶을 때, 구성원들의 생각과 마음을 좀 더 잘 알아야 한다고 느꼈으며 그들과 함께 자주 이야기했다. 내 비전과 열의를 서로 나누고 이 비전이 얼마나 교세라의 발전에 도움이 되는지 알리고 싶었다. 시간가는 줄 모르고 이야기에 열중했던 적도 자주 있었고, 함께 노래를 부르거나 편안한 분위기 속에서 의견을 교환했다. 가능한 한 모든 기회를 이용해서 서로를 알아가며 정열을 불어넣고 싶었다. 회사가 성장해 감에 따라 구성원들에게 끊임없이 동기를 부여하고 싶어 나는 이 방법을 계속 사용했는데 이것을 '컴파'라고 부른 것이다.

결코 포기하지 않음 Never give up

강렬한 야망을 품고 언젠가 실현할 수 있다는
굳은 믿음만 마음속에 간직하고 있다면
어떤 어려운 고난이 닥쳐와도 목표를 달성할 수
있는 방법을 반드시 찾을 수 있다

결코 포기하지 않고 누구보다도 열심히 노력한다

❶ 성공은 아무리 평범한 일이라도 매일 한 걸음씩 착실하게, 방심하지 않고, 노력을 계속하려는 의지만 있다면 가능한 것이다. 단순하게 들릴지 몰라도 누구보다도 열심히, 쉬지 않고 일하는 사람만이 성공할 수 있다.

❷ 터무니없이 높은 목표를 설정해야 한다. 너무 높고 멀어 보여서 매일 조금씩, 느리게 가다가는 언제 도착할지 알 수 없다고 푸념할 수도 있지만, 매일 조금씩 쉬지 않고 최선을 다해 노력하는 것이야말로 위대한 일을 완성시키는 원동력이다.

❸ 위대한 성공은 시시하고 하찮게 생각하는 일상생활 속의 일들이 하나 둘 차곡차곡 쌓여서 만들어진다는 사실을 잊어서는 안 된다. 아무런 노력 없이 성공에 이르는 지름길은 없다.

❹ '결코 포기하지 않고 계속해서 노력하고 있다면 실패는 있을 수 없다'는 강한 신념을 항상 마음에 되새기자.

진심으로 원하면 이루어진다

우리는 현실 상황의 노예가 되어서는 안 된다. '뭔가 이렇게 하고 싶다'고 생각하지만 사회관습과 경제논리에 가로막혀 자신이 세운 목표는 실현 불가능하다고 쉽게 단념해 버리는 사람들은 현실의 벽이 높으면 높을수록 꿈을 이루는 것은 불가능하다는 결론을 너무 쉽게 내린다. 만일, 야망을 가지고 자신의 꿈을 포기하지만 않는다면 실현할 수 있는 더 좋은 방법이 언젠가 떠오를 수 있고 마음속 깊은 곳에서부터 '뭔가 이렇게 하고 싶다'는 강렬한 야망을 품고 있으면 심지어 자고 있는 동안에도 저절로 마음과 생각이 깨어나 스스로 해결책을 찾게 된다. 절대로 포기하지 않으면 이렇게 믿을 수 없을 만한 창조력이 생기지만 현실 상황의 노예가 되면 상황은 점점 더 악화되고 더욱 비관적인 생각에 빠져서 자기 스스로가 가능성 제로라고 쉽게 단정 짓게 된다.

그러나 강렬한 야망을 품고 있는 사람은 창의적 혁신

을 통해서 문제를 해결하려는 노력을 시작해 목적을 달성할 때까지 결코 포기하지 않는다. 결국 목적을 향해 묵묵히 전진하는 사람과 쉽게 좌절하고 인생을 허송세월하는 사람과의 가장 큰 차이는 이것이다. 바로 그에게 강렬한 야망이 존재하는가의 여부다.

> 현실의 노예가 되지 말고 항상 깨어 있어 야망을 신념화해야 한다.

2 자신의 무한한 가능성을 믿는다

 사람들은 "뭔가 좋은 아이디어가 없을까?" 하고 외부에서 아이디어를 찾고 좋은 영감이 떠오르기를 바라는 우를 범하기 쉽지만 가장 좋은 것은 우리 안에서 찾아야 한다고 생각한다. 자신이 지금 하고 있는 일에서 변화 가능성을 철저하게 분석하고 개선의 여지를 모색해 가면 상상할 수 없을 만한 놀라운 혁신이 일어난다.

 이런 이치를 모르고 결과만 중시하는 사람들은 나를 천리안이 있다고 치켜세우기도 하지만 물론 나에게 그런 천재적 능력은 없다. 만일 나에게 천리안이 있다고 해도 그 재능은 나만 가지고 있는 것이 아닌 모든 개선의 가능성을 진실로 열망하고 추구하는 사람이라면 누구나 가질 수 있을 것이다. 이것을 천리안이라고 부르기보다는 '선견지명'이라고 해야 할지도 모르겠지만 불확실성의 시대를 살아가기 위해서는 '선견지명'을 생활화하는 것이 매우 중요하다. 이런 예측 가능성은 밖에서 찾을 수 없으며 자신만의 노하우와 경험을 총동원해서 결코 포기하는 일 없이 진심으로 원할 때, 자기 안에서 스스로 찾을 수 있는 것이다.

> 시대가 어떻게 변하든 혁신에 이르는 유일한 방법은 현상을 잘 분석하여 실현 가능성을 최대한 높이는 것이다.

확고한 경영철학으로 미래를 개척한다

나는 사원들에게 최고 수준의 능력을 요구한다. 교세라는 족벌경영과 세습체제가 없기 때문에 사원들은 흔쾌히 내 뜻을 받아들여 주는데, 만일 교세라가 가족기업이었다면 수준 높은 나의 요구는 족벌세습을 하는 재벌가의 사리사욕을 채우는 구실밖에 되지 않으므로 구성원들은 좀처럼 받아들이기 힘들 것이다. 내가 이런 경영을 하지 않는 것은 아무리 2세라도 초창기 창업이념과 기업의 경영철학을 온전히 승계하는 데에는 한계가 있다고 생각하기 때문이다. 기업의 정체성을 확립해 가는 것은 경영철학이고 올바른 기업철학의 승계 없이는 지속적인 성장을 기대할 수 없다.

나는 구성원 중 훌륭한 인격을 갖춘 사람으로 불타는 열정과 뛰어난 능력을 발휘하고 경영철학을 승계할 수 있는 사람에게 회사의 장래를 맡기려고 한다. 내가 족벌과 세습에 반대하고 있기 때문에 구성원들은 누구라도 최고의 자리에 오를 수 있는 가능성이 있음을 잘 알고 있으며 회사 방침이나 철학은 내 자신의 이기적인 이익을 위한 것이 아니라는 사실 또한 모두가 공감하고 있다. 그러므로 내가 사원들에게 아무리 많은 것을 요구해도 그들은 적극적으로 따라와 준다.

> 구성원의 자세와 태도, 행동방식에는 리더의 모습이 그대로 반영된다.

1보 전진을 위한 2보 후퇴도 필요하다

경영자가 쉽게 결정내리기 힘든 문제들 중 하나는 진행 중인 프로젝트를 중단하고 사업을 철수해야만 하는 결단의 순간이다. 어떤 분야의 사업에서는 만족할 만한 수익이 발생하지 않는다면 리더는 앞으로 사업을 어떻게 할지 판단해야 한다. 역량을 집중해 노력했는데도 결과가 좋아지지 않는다고 해서 곧바로 손을 떼고 철수해 버리면 더 이상 어떤 성과도 기대할 수 없다.

사냥꾼이 사냥감을 쫓아가는 것처럼 성공할 때까지는 계획을 중단하거나 중도에 포기하지 않는다는 내 나름대로의 원칙을 세워놓고 있지만 어떤 경우에는 최선의 노력을 다했음에도 불구하고 중도에 철수해야만 하는 상황이 매우 드물게 발생한다.

인력이나 예산과는 상관없이 정열을 계속 유지할 수 있다면 새로운 사업과 프로젝트를 성공적으로 이끌 수도 있지만 일단 정열을 모두 불사를 때까지 해보고 그래도 성공하지 못한다면 최종결과에 만족하고 깨끗하게 포기한다. 정열을 모두 불태울 때까지 끝까지 싸운다는 원칙을 갖고 최선을 다해보고 그래도 터무니없는 결과가 나와 실패하게 되면 결단을 내려야 한다. 모든 것이 생각한 대로 되지 않는 법이고 최선을 다한 후에 깨끗하게 결과에 승복해야 하지만 리더가 어느 시점에서 결단을 내려야 할지를 아는 것은 매우 중요하다.

> 리더는 뒤로 물러서야 할 때를 정확히 판단할 수 있어야 한다.

▤ 꿈과 희망을 주는 사람이 된다

　회사경영에 문제가 많거나 리더가 잘못된 방향으로 나아가면 경영악화는 불 보듯 뻔하다. 경영자가 우수하고 선의의 경쟁심과 근면·성실함까지 갖추고 있다고 해도 때에 따라서는 어떻게 해볼 수 없는 궁지에 몰릴 때가 있다. 또, 급격한 환율변동과 국제유가의 급등 같은 세계경제의 변수 때문에 개인의 힘으로는 도저히 어떻게 할 수 없는 경우가 생기기도 한다.

　최선의 노력을 다했는데도 손쓸 겨를도 없이 외부적인 요인 때문에 적자가 발생했다면 경영자가 그 책임을 회피해서는 안 된다. 잘 생각해 보면 알 수 있지만, 이처럼 기업의 경영자는 엄청난 중책을 맡고 있기에 한 순간이라도 마음을 놓아서는 안 되며 항상 깨어 있어야 한다. 생각하면 생각할수록 경영자의 위치가 엄청난 스트레스와 막중한 책임감만 있는 고독하고 외로운 자리라고 느낄 수도 있고 스트레스와 책임감에 대한 합당한 보상은 받을 수 있을지 의문이 들기도 한다. 단언하건대, 확실히 보상받을 수 있다. 경영자의 자기희생과 헌신으로 많은 사원들이 현재 안정된 생활과 미래에 대한 희망을 추구하며 생활해 갈 수 있기 때문에 그들은 꿈과 희망을 주는 경영자를 신뢰하며 존경하는 것이다.

> 돈으로 계산할 수 없는 구성원들의 기쁨과 감사야말로 리더만이 맛볼 수 있는 최고의 보람이다.

일에 있어서는 완벽주의자가 된다

나는 일을 할 때만큼은 완벽주의를 추구한다. 어떤 사람은 일이 90% 정도 진행되면 스스로 '이 정도면 괜찮다'고 판단하며 다른 일을 하거나 좀 더 사무적인 사람들 중에는 '한 번 실수는 병가지상사'라며 다시 하면 된다는 안일한 생각을 하는 사람도 있다.

일반적으로 90% 정도 일이 마무리 되면 그 자체만으로도 전시효과가 있기 때문에 완벽하게 일을 끝내지 않고 대충 얼버무리는 경향이 강하다. 그러나 화학실험을 할 때 99% 실험이 성공했다고 해도 단 1%의 실수 때문에 완벽하게 실패해 버리는 경우가 생긴다. 대부분의 기술자는 최후의 1%를 완벽하게 잘 마무리했기 때문에 실패의 위기를 넘긴 경험이 있을 것이다. 최후의 사소한 실수가 실패의 원인이 된다는 것을 아주 잘 알고 있기에 실패하지 않을 수 있는 것이다. 부족한 1%는 프로젝트의 운명뿐만 아니라 때로는 사람의 목숨까지도 위태롭게 만든다. 실제로 강진이 발생해서 대형 참사가 일어나면 '약진에 견딜 수 있는 다리'는 더 이상 의미가 없으며 아무런 가치도 없기 때문에 거의 모든 기술자들은 부족한 1%와 알 수 없는 상황에 대비하기 위해 완벽함을 추구하는 자세를 가지고 있다.

이처럼 완벽주의의 짐을 지고 하루하루 생활해 가는 것은 대단히 어려운 일이지만 습관화 되면 그다지 어렵지 않게 된다. 마치 지구의 대기권을 뚫고 인공위성을 쏘아올리기 위해서는 매우 강력한 에너지가 필요하지만 한 번 궤도에 오르면 별다른 에너지 없이도 지구 주위를 잘 도는 이치와도 같다.

> 리더는 몸에 붙은 일상생활의 습관처럼 완벽함을 추구해야 한다.

7 스스로 길을 결정하고 전진한다

창조적인 세계에는 기준이 될 만한 것이 없다. 마치 칠흑 같은 어둠에 비바람이 불어오는 망망대해를 나침반도 없이 항해하는 한 척의 배와 같다. 나 또한 그와 같은 항해 도중 몹시 괴로워서 절망적인 마음에 등대의 밝은 빛을 필사적으로 찾았던 때가 있었다. 그러나 내가 떠 있던 곳은 등대도 없는 망망대해였기 때문에 오직 스스로 갈 길을 찾아가야만 했다. 개척자는 아무도 가지 않은 길을 스스로 깨닫고 친구도 경쟁자도 없이 오직 혼자서 찾아가는 사람이다.

개척자처럼 완벽주의도 자신만의 철학을 가지고 주변 상황과는 상관없이 오로지 혼자서 처음부터 끝까지 결코 포기하지 않고 일을 완수해 내는 것을 의미한다.

'더 좋은Better'은 어떤 것보다 더 좋다는 의미이고 '가장 좋은Best'은 어떤 것들 중에서 제일 좋다는 의미인데 '더 좋은Better'과 '가장 좋은Best'은 비교할 대상이 있을 때 사용하는 단어이다. 그러나 새로운 세계를 뚫고 들어가야 하는 개척자는 비바람이 불어오는 망망대해를 어둠 속에서 나침반 없이 항해하는 배와 같기 때문에 '완벽'해야만 한다. 왜냐하면 자신 이외에는 믿을 수 있는 것이 없기 때문이다. '완벽'을 목표로 한다는 것은 우리 안에 숨겨져 있는 이상과 꿈을 끊임없이 추구한다는 의미이다.

> 창조적인 세계에는 기준이 될 만한 것이 아무것도 없다. 자기 스스로가 나침반이 되어 방향을 정하고 길을 찾아서 가야 한다.

욕심을 버리면 사람의 마음이 움직인다

'명치유신의 산파'로 불리는 사이고 다카모리는 "돈, 명예, 목숨을 초월한 사람은 무서울 것이 없어 거친 야생마처럼 보인다. 그러나 야생마가 아니라면 국가대사를 맡길 수 있다"는 말을 남겼다. 다시 말하면 완전히 사심을 버린 사람만이 중요하고 크게 쓰일 수 있다는 뜻이다.

사람을 움직이는 원동력은 오직 공평무사公平無私 하나이다. 말 그대로 '어느 쪽에도 치우치지 않게 공평하고 사사로움이 없다'는 뜻으로 개인의 이익만을 추구하는 사심이 없고 자신의 기호와 감정만으로 판단하지 않는다는 것이다. 보통사람이라면 누구나 돈, 명예, 목숨에서 자유롭지 못한 것도 사실이다. 그러나 어느 쪽으로도 치우치지 않고 공평하며 사사로운 욕심의 마음을 버린 리더가 있다면 부하들로부터 존경받고 신뢰를 얻을 것이며 반대로 자기중심적이고 사리사욕만 꽉 찬 리더는 혐오의 대상이 될 것이다. 리더가 내리는 한 순간의 결단으로 부하의 사기는 오르내린다. 부하가 언제나 자신을 믿고 따라와 주기를 바란다면 기준 없이 변덕스럽고 자기중심적이며 주관적인 판단은 하지 말아야 한다.

> 리더가 되려면 사심 없는 자세를 명확히 하고 자신이 속한 집단을 위해 의미 있는 목표를 세워서 솔선수범하여 최선의 노력을 다해야 한다.

9 지금 필요한 것은 무엇인지 스스로 묻는다

사람들은 회사경영을 위해 여러 가지 조직이 필요하다고 말하는데 대부분의 경영자는 우선 '조직화' 해야 한다고 생각한다. 일반적으로 경영자들은 조직론이나 인사관리의 방법을 배웠기 때문에 이런저런 조직이 필요하다고 생각하기 쉽지만 나는 이런 생각에 동의하지 않는다. 보통은 과거의 경험을 바탕으로 해서 조직을 구축하지만 기존개념과 이런 방식으로는 최상의 효율적 조직을 기대하기란 어렵다.

나는 회사를 효율적으로 경영하기 위해 지금 현재 필요한 조직이 가장 올바른 조직이라고 생각한다. 그리고 현재조직에 기초해서 필요할 때마다 조직을 만들고 조직의 목표와 기능을 효율적으로 달성하기 위해 필요한 최소한의 인원만을 배치한다. 조직을 유지하기 위해 경영을 하는 것이 아니라 경영을 하기 위해 필요한 조직을 만드는 것이다.

교세라를 설립했을 때, 나는 경영에 대한 이론이나 지식, 경험도 부족했고 경영에 관한 상식조차 없었다. 그래서 경영에 관한 기존개념을 내 상황과 처지에 맞추어 재해석해야만 했다.

> 참된 본질은 무엇인가? 바른 도리와 가치, 필요성은 무엇이라고 할 수 있나? 끊임없이 스스로 질문해 가며 경영하는 과정이 필요하다.

10 아프리카 원주민의 지혜를 떠올린다

 교토대 명예교수이자 세계적인 영장류학 권위자로 알려진 이타니 준이치로 박사가 아프리카 콩고에서 연구할 때의 일이다. 어느 날 침팬지 연구를 하던 중 작은 부락의 원주민이 사냥하는 모습을 관찰할 기회가 생겼는데 매우 흥미로운 광경을 목격하게 되었다.

 부락민들은 무리를 지어 사슴과 얼룩말을 사냥했는데 모든 사람이 배불리 먹을 만큼 잡을 수도 있지만 누군가 먼저 사냥감 한 마리를 잡으면 동료들은 수렵을 바로 포기하고 자랑스럽게 부락으로 돌아가는 사냥꾼의 뒤를 따랐다. 부락에서는 정해진 규칙에 따라 사냥한 동물을 부락민 모두에게 나누어 주는데 사냥감을 잡은 사냥꾼은 제일 크고 맛 좋은 부위를 갖고 나머지는 자신과 가장 가까운 순서대로 친척이나 친구들에게 양과 질을 달리해서 나누어 주었다.

 이타니 박사는 한 젊은이에게 "왜 각자 사냥감을 잡을

때까지 수렵을 계속하지 않고 포기하는가?"라고 물었다. 그러자 젊은이는 "꼭 그럴 필요가 있을까요? 배불리 먹지는 못해도 모두가 충분히 먹을 만큼은 되는데"라고 대답했다. 부락민들은 공생과 밀림의 순환법칙을 따라 살아가는 삶에 만족하고 있었던 것이다.

> 서로 조화롭게 공존하고자 한다면 개인적인 욕심은 포기해야만 한다.

11 침팬지에게 배운다

 침팬지는 잡식성 동물로 나무열매나 잎이 주식이지만 가끔은 동물도 잡아먹는다. 침팬지에게는 사슴이나 기타 포유동물을 잡아먹을 수 있는 강력한 본능과 의외의 육식성이 숨어 있다. 앞서 말한 원주민처럼 침팬지도 무리를 지어 사냥하는데 한 마리가 큰 사냥감을 잡으면 모두가 사냥을 멈추고 잡은 사냥감 주위로 모여든다. 사냥감을 잡은 침팬지가 먹잇감을 찢어 모두에게 나누어 주는 동안 다른 침팬지들은 울부짖고 날뛰며 기뻐한다. 침팬지는 인류와 가장 가까운 영장류 동물 중 하나인데 동물인 침팬지도 필요한 만큼만 사냥을 하고 서로 공생하며 밀림의 재생산과 순환의 법칙을 따르는 지혜를 갖고 있음을 보고 이타니 박사는 무척 놀랐다고 한다.

 또, 박사는 아프리카 원주민이 '사냥 한 번에 사냥감 한 마리'라는 한도를 정해놓은 것을 처음에는 원시적인 습관이라고 여겼지만 차츰 그렇지 않음을 깨달았다. 원주민들은 동물인 침팬지에서도 볼 수 있듯이 자연이 알려주는 '숲의 법칙' 즉 몸에 자연스럽게 배여 있는 공생과 밀림의 순환법칙을 따르는 것인데, 과도한 자기욕망과 비즈니스 목적 달성만 중시하는 현대사회의 시스템보다 훨씬 뛰어난 것임을 알게 됐다고 한다.

> 무절제한 사냥처럼 비즈니스에서도 한없는 욕심으로 사업 확장을 계속하려 한다면 자연법칙인 재생산의 순환고리는 끊어지고 결국에는 자기파탄에 빠지게 된다.

이나모리 가즈오에게 묻다
결코 포기하지 않음 | Q&A

Q '결코 포기하지 않는다'는 것은 무엇을 의미하는가?

A 내가 말하고 싶은 의미는 '끊임없는 노력'을 계속해야 한다는 것이다. 목표를 향해 고난과 좌절에 굴복하지 않고 불굴의 의지로 극복하며 끊임없는 노력을 계속해야 한다. 이런 노력을 매일 조금씩 계속해 나가면 이윽고 위대한 목적을 이룰 수 있다. 사소한 것을 무시하는 사람은 큰 성공을 거둘 수 없다. 아무리 작고 시시한 일이라도 평상시처럼 변함없이 최선의 노력을 다해야 한다.

Q 회사경영에 있어서 정신적인 면을 더 강조하는 곳은 교세라 뿐인가? 정신과 철학을 강조하는 다른 회사가 있다면 그 사례를 소개해 줄 수 있나?

A 1980년도에 당시 슐럼버거사의 회장이었던 장 르보Jean Riboud 씨를 만날 기회가 있었다. 슐럼버거사는 석유탐사를 주로 하는 프랑스의 다국적기업으로 당시만 해도 50여 개국에서 약 7만 명 정도의 직원을 거느리고 있었으며 교세

라의 중요한 고객인 페어차일드 반도체사의 새로운 주인이기도 했다. 만나서 이야기를 나누던 중에 장 르보 씨와 나는 물질주의를 초월해 정신적인 면에 중점을 둔 기업경영 철학과 경영방식을 굳게 믿고 그 중요성을 강조한다는 점에서 슐럼버거사와 교세라가 서로 매우 닮았다는 것을 발견했다. 이것이야말로 성공한 기업에서 공통적으로 찾아볼 수 있는 특징이라는 생각이 들었다.

Capter 2
인생을 위한 불패경영의 원칙
HOW TO SUCCEED IN LIFE

인생 성공을 위한 제언 Equation for success
① 사고방식 × ② 열의 × ③ 능력 = 인생의 결과

인생이라는 제목의 드라마

 인생이란 자신이 주인공인 드라마다. 그러나 삶의 현장은 대본이 있는 드라마가 아니기 때문에 스스로 대본을 써야만 한다. 이미 완성된 드라마와 달리 인생은 우리의 선택에 따라 얼마든지 달라질 수 있다. 운명은 태어난 순간부터 결정돼 있다고 생각하기 쉽지만, 나는 이러한 생각에 절대로 동의할 수 없다. 운명이려니 하고 받아들이거나 맞서 싸우는 것이 아니라 자신을 주인공으로 대본을 쓸 수 있도록 성실함과 적극적 사고로 인생을 함부로 포기하지 말아야 한다. 스스로 마음을 다잡고 사고방식을 바꾸면 운명도 변할 수 있다고 굳게 믿고 있다. 이것을 조금이라도 일찍 깨달아 실천할 수 있다면 그만큼 빨리 자신이 원하는 인생을 살 수 있고 매 순간 자신의 참모습을 발견해 값진 인생을 만들 수 있다.

 인생을 살아가다 보면 운명이 바뀌는 계기는 수없이 많이 찾아온다. 그러므로 갑자기 기회가 찾아왔을 때 반드시 잡을 수 있도록 평상시에 최선의 노력을 다해야 하는데 아무리 확실하고 놀라운 기회가 찾아와도 명확한 사명과 목적이 없다면 인생의 찬스를 알아보지 못하고 쉽게 놓쳐버리게 된다는 것도 명심하자.

> 자신이 인생 드라마의 주인공인 사람과 아무런 목적의식 없이 타성에 젖어 사는 사람의 인생은 매우 큰 차이가 난다.

2 인생 선배에게 배운다

혈기왕성한 청춘시절에는 부모님과 선생님 또는 선배나 직장상사가 자꾸 나에게 가르치려고만 한다는 생각에 나도 모르게 욱해서 반발하곤 했다. 부모님은 "젊어 고생은 사서라도 해야 한다"고 자주 말씀하셨지만, 나는 "젊어 고생이 있으면 팔아버리기라도 해서 절대 하지 않겠다"고 대답했을 정도이다.

젊을 때는 누구나 다 강한 반항심을 가지고 있다. 하지만 부모님과 인생 선배들의 가르침을 절대로 흘려들어서는 안 된다. 왜냐하면 나이를 먹어도 그들의 가르침은 훌륭한 삶의 나침반이 되어주기 때문이다. 어떤 이들은 내 의견에 반대할 수도 있겠지만 중요한 것은 일을 할 때나 인생 여정 속에서 어려움에 부딪쳤을 때 자신을 올바른 방향으로 인도해 줄 가치관은 반드시 필요하다는 것이다.

나의 철학은 어려움을 극복하는 과정에서 깊은 고뇌

와 진실한 마음으로 얻고 깨친 것으로 여러분의 인생길이 조금 느리거나 아주 빠르게 지나가더라도 언젠가는 내가 깨달음을 얻게 된 것과 같은 경험을 하게 될 것이다. 나의 경험이 어둡고 깜깜한 인생길 속에서 나침반이 되어 여러분에게 조금이라도 도움이 된다면 무척 행복할 것 같다.

> 인생길의 첫걸음은 나침반도 없는 작은 배로 폭풍우가 몰아치는 망망대해에 나가는 것과 같다.

인생의 목적을 확실하게 설정한다

　인생의 진정한 목적을 잃어버리고 순간의 즐거움을 추구하는 젊은이들이 늘어나고 있다. 이들은 오직 레저와 오락을 즐기기 위해 일을 하고 돈을 번다. 그러나 이런 생활방식은 좀 더 강한 만족감이 없으면 허무하게 끝나버린다.

　아무리 시대가 변해도 인간의 본질은 변하지 않는다. 우리는 인생에서 선한 가치를 추구하며 후세에 이름을 남겨 사람들의 기억 속에서 영원히 살고 싶어하며 누구나 '스스로 부끄럽지 않은 보람된 삶을 살아서 행복했다'고 자신 있게 말할 수 있는 인생을 꿈꾼다. 누군가는 이런 사고방식에 동의하지 않을 수도 있지만 나는 진실하고 성실한 생활방식이 자기 편한 대로 생각하는 생활태도보다 더 좋다고 믿는다. 아마도 인생 선배들은 이 말의 뜻을 잘 이해할 수 있을 것이다.

　그러나 유감스럽게도 자신의 가치관과 경험을 젊은이

들과 나누려고 하지 않는 인생 선배들도 많다. 그들은 시대가 바뀌어서 젊은이들에게는 이러한 진정한 이야기들이 고리타분하게 들리고 무의미할 것이라며 쉽게 체념한다. 하지만 많은 사람들과 마음을 열고 이야기하다 보면 자신의 진정한 마음을 전달할 수 있고 공감대도 함께 형성해 나갈 수 있으니 인생 선배들이 이러한 노력을 쉽게 포기하지 말았으면 한다.

> 처음에는 순간의 즐거움이 좋지만, 누구나 언젠가는 좀 더 높은 수준의 목적을 추구하게 되는 법이다.

자신을 있는 그대로 바라본다

인간은 스스로 생각하는 것만큼 현명하지 않을 수도 있다. 나도 객관적으로 인생을 뒤돌아 볼 만한 나이가 되었지만 돌이켜 보면 후회되는 일만 남는 것 같다. '그땐 왜 그렇게 했지?'하는 후회와 함께 '좀 더 좋은 길이 있었을 텐데'라는 아쉬움이 남는다.

어린 시절, 잘못된 결정으로 섣부르게 뭔가 시작하려고 할 때 부모님은 언제나 '그렇게 하면 어떻게 될지 잘 생각해 봐라'며 기필코 현명한 충고를 해주셨다. 그런 부모님도 젊었을 때를 되돌아보면 후회하는 일이 분명히 있을 것이다. 또 뼈아픈 실패를 경험했기에 자식들이 같은 실수를 반복하지 않도록 충고해 주시는 것인지도 모르겠다.

세대가 바뀌어도 사람이 저지르는 실수는 역시 끊임없이 반복된다. 만약 미래를 예측할 수만 있다면 앞으로 일어날 상황에 맞게 행동해 불안해 하지 않고 아무 걱정도 없을 것이다. 하지만 다시 생각해 보면 젊었을 때 고통과 실패를 경험했기 때문에 철이 들고 나서 남은 인생을 후회 없이 살아갈 수 있었던 것 같다.

> 성장하기 위해서는 자신을 객관적으로 바라보는 솔직함과 실패에서 배우려는 겸손한 마음, 최선을 다해 노력하는 자세가 필요하다.

5 한 걸음씩 꿈을 향해 걸어간다

    많은 젊은이들이 인생에서 위대한 성공을 하겠다는 꿈을 꾼다. 우리는 젊은이들이 큰 꿈을 가질 수 있도록 격려하고 도와 주어야 하지만 원대한 꿈을 이루려면 하루하루 뼈를 깎는 노력을 해야 한다는 사실도 반드시 일깨울 의무가 있다.

    기나긴 인생길 속에서 단 한 번에 하늘을 날아오르는 마법의 양탄자 같은 지름길은 없다. 인생은 스스로 한 걸음씩 걸어가야만 한다. 때로는 긴 인생길을 이렇게 느릿느릿 걷다가는 꿈을 놓쳐버릴 것 같아 답답하게 느껴지며 이런 속도로는 결코 위대한 성공을 이룰 수 없다는 생각이 들기도 한다. 그렇다고 해도 절대로 초조해 하지 말아야 한다. 작고 보잘 것 없는 한 걸음 한 걸음이 차곡차곡 쌓이면 상승효과가 일어나기 때문에 매일 온 몸으로 실천해 거둔 작은 성공은 새로운 도전을 시작하게 만드는 원동력이 되고 도전은 더욱 큰일을 할 수 있는 밑

거름이 된다.

  개인의 인생이나 기업경영의 경우도 마찬가지다. 아무리 작고 하찮아 보이는 것이라도 우리가 포기하지 않고 꿈을 이루기 위해 계속 노력한다면 믿을 수 없을 정도로 커다란 선물을 받을 수 있다. 매일 '한 걸음씩' 꿈을 향해 걷다 보면 언젠가 꿈은 이루어진다. 특별한 방법은 없다. 이것이 인생에서 꿈을 실현하는 가장 확실하고 유일한 방법이다.

> 아무리 큰 비전이라도 노력하지 않으면 단순한 꿈으로 끝난다. 가치 있는 목적은 끊임없이 의미 있는 노력을 계속해야만 달성할 수 있다.

성공을 위한 방정식

보통사람은 어떻게 하면 크게 성공할 수 있을까?

다음에 제시된 매우 단순한 방정식이 이 질문에 해답을 줄 수 있을 것이다.

① 사고방식 × ② 열의 × ③ 능력 = 인생의 결과

일반적으로 능력을 탁월한 신체, 특별한 재능처럼 태어날 때부터 타고난 적성이라고 생각하는 사람들이 많다. 반면에 '열의'는 자신이 통제할 수 있는 강력한 생각이고 스스로 결정할 수 있는 좋은 도구가 될 수 있다. 능력과 열의에 각각 최저 0점부터 최고 100점까지 매길 수 있다고 가정해 보자. 어떤 일을 시작할 때 첫 번째가 '열의', 두 번째가 '능력'이라고 했을 때 각각의 점수가 몇 점이 되든 0점이나 1점이 아닌 이상 곱한 결과는 몇 배나 증가한다.

한편, 일과 인생에서 최우선 순위인 사고방식은 어떤 각오로 어떻게 인생을 살아갈지의 문제로 사고방식은 -100점부터 +100까지 점수를 매길 수 있다. 질투, 원한, 증오 같은 부정적인 감정에 사로잡혀 있는 사람은 열의와 능력의 값이 아무리 커도 그 마음가짐과 사고방식이 마이너스이기 때문에 인생의 결과도 마이너스가 된다. 하지만 미래지향적이고 긍정적인 사고방식을 가지고 있는 사람은 놀라운 인생을 개척해 성공할 수 있다.

성공 방정식을 잘 살펴보면 인생 성공의 열쇠는 타고난 재능이나 열의보다는 자신의 사고방식에 좌우된다는 것을 알 수 있다. 자신만의 철학과 사고방식이 일과 인생에서 성공과 실패를 가르는 결정적인 요소라는 사실을 명심해야 한다.

> 뛰어난 재능은 없어도 자신의 약점을 인정하고 부족함을 채우기 위해 최선의 노력을 다하며 정열을 불태우는 사람은 결국 위대한 성공을 할 수 있다.

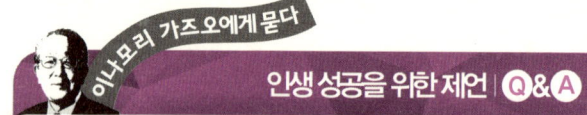

인생 성공을 위한 제언 | Q&A

Q ① 사고방식 × ② 열의 × ③ 능력 = 인생의 결과(성공)라는 방정식은 어떤 계기로 만들게 되었나?

A 내가 동료들과 회사를 시작하기로 결심했을 때 우리는 완전히 초보였고 이렇다 할 비즈니스 경험도 없었다. 다만 젊고 평범한 엔지니어라는 것만은 확실했다. 모든 것이 부족했지만, 반드시 성공한다는 공감대를 만들기 위해 나는 '성공을 위한 방정식'을 고안했다. 실제로 우리의 능력은 보통 사람들과 비슷했기 때문에 마음을 다잡고 반드시 성공한다는 긍정적인 생각조차 하지 않았다면 우리보다 재능 많고 유능한 사람들을 뛰어넘지 못했을 것이다. 우리에겐 목숨 걸고 뭔가를 해보자는 열의가 필요했다.

Q 이 방정식에서 세 가지 요소를 더하지 않고 곱하는 이유는 무엇인가?

A 만일 이 세 가지를 더해버리면 타고난 재능만 믿고 있는 사람은 더 이상 노력하지 않아도 보통 사람들보다 훨씬 유리

한 위치를 차지하게 된다. 이것은 보통사람이 아무리 노력해도 재능을 타고난 사람과는 게임이 되지 않는다는 것을 의미한다. 그러나 더하지 않고 곱하기 때문에 긍정적인 사고를 우선으로 여기고 열의로 가득 찬 노력을 기울이면, 타고난 재능만 믿고 있던 사람이 상상도 하지 못할 위대한 성공을 만들어 낼 수 있다. 그리고 이것은 지금까지 나의 경험상 분명한 사실이었다. 평범한 사람도 자신 안에 숨겨진 보물을 발견하고 열의에 찬 노력을 계속하면 천재라고 불리며 재능을 타고난 사람들과는 다른 놀라운 인생의 결과를 만들어 낼 수 있다. 반대로 뛰어난 재능을 가진 천재가 인생의 확실한 목적과 방향 없이 방황하고 있다면 훌륭한 인생의 결과는 기대하기 어려울 것이다. 최악의 예는 뛰어난 재능을 가지고 사회에 엄청난 파장을 불러일으키는 범죄자가 되는 경우이다. 중요한 것은 사고방식이 마이너스라면 인생의 결과는 모두 마이너스가 된다는 사실이다.

Q 사고방식, 열의, 능력 중에 가장 중요한 것은 무엇인가?

A 많은 리더들과 이야기하다 보면 느끼는 것이지만, 대부분의 사람들이 중요하게 생각하는 것은 '능력'과 '열의'라는

것을 알아차릴 수 있다. 그러나 안타깝게도 내가 가장 중요하게 생각하는 '사고방식'을 사람들은 쉽게 간과해 버리는 것 같다. 나쁜 마음을 먹고 열심히 노력하는 천재는 매우 위험한 인물이다. 내가 대학을 졸업할 당시 일본은 엄청난 불경기가 닥쳐와 수많은 회사에 면접을 봤지만, 단 한 곳에서도 연락이 오지 않았다. 의기소침했던 나는 '차라리 로빈 후드와 같은 의적이 될까?'라는 망상을 했던 적이 있다. 어차피 이 세상은 불공평하고 불평등하기 때문에 세상의 정의를 실현하기 위해 부자들에게서 빼앗은 물품을 가난한 사람들에게 나눠 주었던 로빈 후드가 되면 좋겠다고 생각했다. 만일 그때 생각했던 대로 행동했다면 나는 지금쯤 아마도 현대판 로빈 후드가 되어 있을지도 모르겠다. 나에게도 남들만큼의 능력이 있고 성공하고 싶은 강한 열의와 의지가 있었기 때문에 현대판 로빈 후드도 가능했을 것이다. 그러나 이런 경우, 처음부터 나의 '사고방식'이 마이너스였기 때문에 인생의 결과도 확실히 마이너스가 된다는 것은 불 보듯 뻔한 일이다.

능력 Ability
**가장 위대한 능력은
자기 자신을 이기는 능력이다**

나의 약점은 스스로 인정한다

 1955년 4월 대학을 졸업하고 첫 직장에 취직했을 때 나는 완전히 시골뜨기였다. 그때까지만 해도 지방 사투리가 심했고 대도시에서 생활해 본 적도 없었다. 회사에서 전화가 울릴 때마다 '누가 좀 받아줬으면' 하고 바랐을 정도였다. 나만의 약점이 알려지는 게 두려웠으며 남들과 비교해 보아도 뭐 하나 내세울 것 없는 초라한 모습에 잔뜩 의기소침해 있었다.

 그러던 어느 날 열등감에서 벗어나 '내 자신의 약점을 솔직히 받아들이고 그것을 극복하려는 노력을 하자'고 결심했다. 이렇게 하면 쓸데없는 좌절감은 맛보지 않을 수 있다고 생각했다. '그래, 난 시골뜨기다' 하고 스스로 내 자신을 인정했다. 지방대학 출신에다 세상물정도 몰랐고 기본상식도 많이 부족했다. 그래서 기본적인 것부터 공부하기로 마음먹고 그 누구보다도 열심히 하지 않으면 절대로 성공할 수 없다는 굳은 각오를 다졌다.

결국 내 자신의 약점을 인정하고 그것을 있는 그대로 받아들였기 때문에 내 능력을 넘어서는 일은 무리하게 하지 않았다. 그런데 나의 사고방식이 내 능력을 한 단계 높여주는 새로운 시작점이 되었다. 교토에 있는 작은 회사에 근무하면서 나는 이런 마음가짐을 배웠고 이것이 내 인생에 있어서 어려울 때마다 매번 나에게 새로운 시작점을 만들어 주고 있다.

> 내가 할 수 없는 것은 솔직히 인정하고 거기서부터 다시 시작해야 한다. 할 수 없는데 할 수 있는 것처럼 행동해서는 안 된다.

2 평범한 나를 넘어선다

엄청난 노력을 기울여 전 과목에서 A를 받은 학생이나 겨우 턱걸이로 낙제만 면한 학생이라도 똑같이 학교를 졸업하지만 그 둘 사이에는 겉으로 들어나는 점수 이상의 더 큰 차이가 존재한다. 전 과목에서 A를 받은 학생은 그 누구보다도 죽을힘을 다해 노력했기에 순간순간의 어려움과 장벽을 돌파한 소중한 경험이 있다. 누군가는 참을 수 없는 고통이 따르는 어려움을 극복하기 위해 이를 악물고 피나는 노력을 하지만, 어떤 사람은 '낙제만 면하자'는 마음으로 현실과 적당히 타협하며 만족하기도 한다.

항상 최고가 되기 위해 스스로에게 엄격하고 자신과 정면으로 맞서 싸우는 경험은 단순히 겉으로 보이는 점수 이상의 문제로 그 사람의 인간성과 삶의 철학을 대변한다. 보다 높은 곳으로 자신을 이끌기 위해서는 숱한 어려움과 맞서 싸워야 한다. 제일 큰 문제는 자기만족과

게으르고 나태함만을 추구하려는 자신의 마음이다. 자기 자신이라는 큰 벽을 넘어서면 인생에서 탁월한 성과를 만들어 낼 수 있다. 인간이라면 누구나 당연히 쉽고 편한 길을 택하기 때문에 자신을 엄격하게 통제하고 고난을 극복하면서 전진해 가는 일은 어렵다. 하지만 노력한 결과가 현실이 되었을 때의 행복감은 그 무엇과도 바꿀 수 없는 값진 것이다.

> 가장 위대한 능력은 자신을 이기는 능력이다.

자신과의 싸움에서 이긴다

 그다지 머리가 좋지는 않지만 죽을힘을 다해 공부해서 우수한 성적을 얻는 공부벌레가 있는 반면 머리회전이 빨라 그다지 힘들여 공부하지 않아도 즐겁게 공부하고 좋은 성적을 받는 사람도 있다. 머리가 아주 뛰어난 학생은 '저 공부벌레 좀 봐. 만약 내가 저 애처럼 죽어라 공부만 했다면 저 성적보다 훨씬 더 잘 받을 수 있었을 텐데!'라며 빈정거린다. 또 졸업 후 사회에서 성공한 친구를 보아도 '저 친구는 학창시절에 별 볼일 없었어! 내가 성적도 훨씬 좋았지'라며 친구를 낮추고 '내가 저 친구처럼 공부만 했다면 더 크게 성공을 했을 거야!'라며 큰소리를 친다. 그런데, 이 말은 맞는 말일까?

 공부벌레는 놀고 싶을 때 못 놀고, 자고 싶을 때도 못 자면서 눈앞의 즐거움과 쾌락을 좇는 자기 자신과의 싸움에서 이긴 사람이다. 또, 성공한 친구는 졸업 후에도 자신의 욕구를 통제하고 때로는 억제하며 오로지 자신의 길을 개척하고 자신과의 싸움에서 이기기 위해 엄청난 대가를 지불한 사람이다. 인간의 능력을 판단할 때 강한 의지는 매우 중요한 요소이다. 주위를 둘러보면 스스로 편한 길을 선택한 사람의 경우에는 자신과의 싸움에서도 패배했기 때문에 무언가 해보겠다는 의지와 적극적인 모습이 점점 사라지게 된다.

> 인간의 능력을 판단할 때 강한 의지는 매우 중요하다. 인생은 IQ만으로는 결코 성공할 수 없다.

4 대담하면서도 세심하게 한다

사람들의 성향을 크게 나누어 보면 치밀하고 섬세하며 착실하고 꼼꼼한 성격의 내성적인 사람과 호쾌하고 대담한 외향적 기질을 가진 두 타입으로 나눌 수 있다. 인생에서 성공하기 위해서는 씨줄과 날줄로 엮어 만든 옷감처럼 이 두 가지 양면을 적절히 활용해야만 한다. 종종 TV에 나오는 사극을 보면, 어벙하고 바보스러운데다 만취 상태인 검의 고수가 등장하여 갑자기 등 뒤에서 기습해 오는 적의 낌새를 순식간에 알아채 적을 단칼에 베어버린다. 이런 장면에서 우리는 갈채를 보내게 된다. 또, 허술해 보이는 주인공에게서 빈틈없이 섬세한 반사 신경이 있었음을 알아챌 수도 있다.

그러나 자신감이 지나치면 완벽하게 일을 마무리 할 수 없고 너무 소심해도 새로운 일에 도전할 용기가 나오지 않는다. 호쾌함과 치밀함이라는 이율배반적인 성격을 고루 갖추고 상황에 따라서 분별해 사용할 줄 아는 인재가 필요하다. 이상적인 인재는 섬세하고 세심한 성격을 가진 사람이 폭 넓은 경험을 통해 큰 그림을 그릴 수 있는 넓은 시야와 자신을 뛰어넘을 수 있는 진정한 용기를 발휘할 때 비로소 완성된다고 생각한다. 이상적인 인재상을 타고 나는 사람은 없겠지만 어떤 성격을 가지고 태어났든지 자신의 부족함을 채우기 위해 의식적으로 노력하면 보다 높은 수준의 균형감을 갖춘 훌륭한 인재가 될 수 있을 것이다.

> 어떤 성향의 기질을 타고 났든, 한쪽으로만 치우쳐서는 안 되며 균형감을 갖추어야 한다.

5 본능을 의지로 통제한다

인간은 이성과 본성의 양면을 가지고 태어난다. 음식을 먹고 마시거나 서로 싸우면서 소유욕과 시기, 질투심을 느끼는 것은 모두 스스로 자신을 지키고 가족을 보호하려는 자기보존 본능 때문이다. 인간은 본능적으로 판단하고 동물적으로 행동할 때가 많다. 만일 상황을 좀 더 객관적으로 볼 수 있다면 보다 나은 의사결정을 내릴 수 있을 것이다. 그렇기 때문에 본능을 억제하는 일이 중요한데 본능을 의지로 통제하면 마음속에 이성이 들어올 공간이 생기고 논리적으로 사고할 수 있다.

문제는 본능적 행동을 이성으로 통제하는 일에는 한계가 있고 본능을 억제하는 것은 그리 쉬운 일이 아니라는 사실이다. 인간은 본능 없이는 살 수 없다. 내가 강조하고 싶은 것은 본능을 모두 없애라는 것이 아니다. 중요한 것은 본능의 지배에서 벗어나 의지로써 본능을 통제해야 한다는 의미이다. 인간이 본능대로 사는 것은 매우 자연스러운 일이므로 본능을 통제하는 일은 매우 어렵고 간단히 해결할 수도 없다. 그래서 우리는 매순간 이기적인 동물적 본능의 욕심에서 벗어나려는 의식적인 노력에 최선을 다해야 한다.

> 본능을 의지로 통제하면 올바르고 이성적인 판단을 할 수 있는 능력이 생긴다.

의식의 초점을 좁히고 이성을 집중한다

이성은 인간의 마음속에서 논리적으로 사고하고 판단을 내리는 부분이다. 이성을 사용할 때는 렌즈로 태양광을 모아 불을 일으키듯 의식의 초점을 맞추면 된다. 이런 의식을 유의주의 有意注意 라 부르며 반대로 큰소리에 깜짝 놀라 몸을 움츠리는 것처럼 본능적인 행동을 무의주의 無意注意 라고 한다.

자신의 마음이 본능과 이기적인 욕망으로부터 자유롭게 되면 이성보다 훨씬 현명한 마음의 힘이 생기게 된다. 의식화된 힘, 이것을 영감 inspiration 이라고 말할 수 있는데 영감은 신속, 정확, 명확하며 불필요한 시간과 노력을 기울이지 않고 고민할 필요도 없다. 역사에 남을 만한 위대한 인물들은 영감을 받아 역사상 빛나는 업적을 남겼지만 왜, 어떻게 그런 영감을 받았는지 정작 스스로는 잘 알지 못한다.

복잡한 현대사회를 살아가는 우리들도 의식의 초점을

좁히고 이성을 집중하는 훈련을 매일 반복하다 보면 어느 순간 마치 신의 계시처럼 아이디어가 번뜩이며 떠오르게 될 것이다. 영감은 '하늘은 스스로 돕는 자를 돕는다'는 말처럼 역경에 용감히 맞서 싸우고 '인간으로서 무엇이 옳은가'를 끊임없이 물으며 인생에 집중할 때 신이 인간에게 내려주시는 선물과도 같은 것이다.

> 이성을 훈련시키면 의식화된 힘을 얻을 수 있다. 이 힘은 꼭 필요한 순간에 이성을 움직여 모든 문제의 핵심을 단번에 꿰뚫어 볼 수 있게 한다.

7 자신의 능력을 미래형에 맞춘다

나는 장기목표를 세울 때 일부러 현재의 능력보다 높은 목표를 잡는다. 현재 내 능력으로는 달성이 불가능하다고 생각하는 목표를 설정하고 목표달성의 최종순간을 미래의 구체적인 어떤 한 시점으로 정한다.

리더는 목표를 달성하기 위해 자신과 조직의 능력을 계획적으로 향상시키고 필요한 수준까지 끌어올려야 한다. 리더는 단순히 목표달성을 위한 계획만을 작성해서는 안 되며 현 시점에서 미래의 목표를 달성하는 데 필요한 구체적인 조직의 기능과 구성원의 능력향상을 생각해야 한다.

누구나 현재 위치에서 자신의 능력에 맞는 일을 쉽게 할 수는 있지만, 불가능해 보이는 미래의 새로운 목표를 달성하려면 무한한 발전 가능성과 자신감 없이는 해내기 어렵다는 것을 잊어서는 안 된다. 지금은 도저히 불가능해 보이지만 '그래! 한번 해보자'는 작은 노력을 시작할 수 있다면 멀지 않은 미래에 놀라운 성과를 낼 수 있을 것이다.

> 의미 있고 가치 있는 일을 하려는 사람은 자신의 현재 능력과 미래의 발전 가능성을 함께 생각해야 한다.

▣ 자신을 훌륭한 인격체로 만든다

중소기업 경영자 중에는 의욕이 넘치는 사람들이 많다. 이들은 비즈니스의 기회를 잡아내는 예리한 눈과 보통사람보다 뛰어난 재능, 탁월한 사업 감각을 갖추고 있지만 왜 그런지 이들 중 크게 성공하는 사람은 거의 없다. 대부분의 사업가들은 자신감과 넘치는 의욕으로 자신의 판단과 능력을 지나치게 신뢰하지만 이것만으로는 사업의 실패를 막을 수 없다.

어떤 사람들은 자신의 판단만을 믿고 쉽게 목표를 달성하려는 의욕이 넘쳐 위험을 감수하고서라도 모험적인 사업에 손을 대는 일이 많다. 그런 사람들 중 간혹 큰 성공을 거두는 사람이 있더라도 자신에 대한 맹신과 갑작스러운 성공 때문에 사업은 오히려 부진을 면치 못하거나 갑자기 망하기 쉽다. 반대로, 자신이 가진 능력 이상의 힘을 발휘하는 사람이 있다. 그가 지금까지 쌓은 덕과 존경받는 인간성 덕분에 자신이 가진 능력 이상의 효과를 발휘하게 되는데 한마디로 자신의 인격이 모든 능력의 중심이 된다. 훌륭한 인격을 갖추고 태어나는 사람은 없으며 자신이 가지고 있는 판단능력과 타고난 재능, 탁월한 경쟁력 덕분에 성공할 수도 있지만 사업을 확장하고 성공적으로 발전시키기 위해서는 먼저 강한 의지를 갖춘 훌륭한 인격체가 되어야만 한다.

> 우리는 마음의 중심을 잡지 못해 너무 쉽게 자기모순에 빠진다.

능력 | Q&A

Q 리더는 선천적으로 타고 나는 것인가, 의지와 노력에 의해 만들어지는 것인가?

A 내 자신도 스스로에게 자주 이런 질문을 한다. 내가 얻은 답은 양쪽 다 해당된다. 능력을 타고난 운동선수와 음악가, 예술가가 있듯이 태어날 때부터 리더십과 카리스마를 지니고 태어나는 사람도 있다. 그러나 타고난 재능이 뛰어나지 않은 보통사람이라도 의지를 가지고 노력하면 걸출한 리더는 못 되어도 충분히 좋은 리더는 될 수 있다고 생각한다. 타고난 능력보다 더욱 중요한 것은 리더 자신의 노력과 리더십의 근본이 되는 기본적인 철학이다. 어떤 조직에나 유능하지만 세상을 바라보는 시각이 부정적인 사람들이 있다. 가장 최악의 리더는 자신이 속한 조직을 잘못된 방향으로 이끌어 파멸의 구렁텅이로 몰아넣는 사람이다.

열의 Effort

**오늘은 불가능해 보여도 강한 열의와 정열에
불타는 노력만 있다면 내일은 실현가능할 수 있다**

일은 삶의 보람을 느끼게 한다

일한다는 것은 무슨 의미일까? 우리는 모두 살아가기 위해, 그리고 가족을 부양하기 위해 열심히 일하며 돈을 벌고 있는데 만일 일할 필요가 없을 만큼 큰 부자로 태어났다면 어떨까? 가끔은 빈둥거리며 시간을 보내는 것도 즐거운 일이지만 매일 무료하게 시간만 보낸다면 금방 싫증이 나고 견딜 수 없는 권태에 시달릴 것이다.

일을 한다는 것은 돈을 번다는 것 이상의 의미가 있다. 일은 인생의 새로운 의미를 깨닫게 하고 일을 통해 정신적 만족감을 얻게 해 준다. 하지만 한편으로 일을 계속한다는 것은 매우 힘든 일이기도 하다. 오랜 시간 끊임없는 노력이 필요한 경우도 있고 상당히 어려운 일에 도전해야 할 때도 있다. 의무감만으로 일을 한다면 과연 행복할까? 정말로 하기 싫은데 의무감만으로 몇 년째 같은 일만 계속한다는 것은 참아내기 힘든 고통의 연속이다.

그러면 행복하고 보람 있는 일을 하기 위해서는 어떻게 하면 좋을까? 우선 '일은 즐거운 것'이라고 스스로에게 긍정적인 이미지를 심어준다. 매일 의식적으로 지금 자기가 하고 있는 일에 최선을 다하며 좋은 이미지를 만들어가다 보면 정말로 일이 즐겁게 되고 사는 보람도 느낄 수 있다.

> 일을 통해 인생의 새로운 의미를 발견하자. 자신의 인생을 걸 만한 일을 찾는다면 행복도 저절로 따라올 것이다.

2 벽을 돌파한다

성공하는 사람과 실패하는 사람은 종이 한 장 차이다. 실패하는 사람이라고 해서 반드시 책임감이 없다고는 말할 수 없다. 실제로 일에 대한 열정이 넘치는 사람들이 많다. 그런 점에서는 성공한 사람과 크게 다르지 않지만 그럼에도 어떤 사람은 성공하고 어떤 사람은 실패한다. 세상이 불공평하다고 생각할지도 모르지만 분명한 사실은 두 종류의 사람들 사이에 종이 한 장의 차이가 존재한다는 것이다. 종이 한 장의 차이는 강한 끈기와 인내심으로 이것은 좀처럼 뚫고 나가기 어려운 벽과 같다.

실패하는 사람은 노력을 하기는 하지만 어떤 벽에 부딪쳤을 때 이미 실패가 결정되기나 한 것처럼 그 이상의 노력을 지속하지 못한다. 그 벽을 돌파하기 위해서는 뚫고 나가기 어려운 한계를 극복해야 하지만 실패하는 사람은 한계에 부딪치면 곧바로 어려움을 피해갈 변명거리와 좋은 구실을 찾기에 바빠서 최선의 노력을 금세 중단해 버리고 만다.

  지금 자신의 위치에서 아무리 실현 불가능해 보이는 일이라도 강한 끈기와 인내심을 가지고 꾸준히 노력하다 보면 자신 안에 숨어 있는 진면목을 발견하게 되고 일을 끝까지 완수할 수 있는 힘이 생긴다. 더 중요한 것은 자기 안에 있는 기존의 생각과 행동을 바꾸는 것으로 '지금까지 할 수 없었다'는 고정관념을 버리고 과감하게 벽을 뚫는 일이다. 종이 한 장 차이의 성공은 그렇게 다가오는 것이다.

> 벽을 돌파했을 때의 자신감이 강인한 성격을 만들어 준다. 강한 끈기와 인내심은 더 큰 성공을 가져다주는 힘이 된다.

정열로 새로운 시대를 연다

"그래서 할 수 없다"는 변명을 입에 달고 사는 사람들이 있다. 그들은 매번 상황에 따라 이것저것 불가능한 이유를 찾아낸다. 만일 모든 사람이 이런 마음가짐과 자세로 일에 임한다면 새로운 일은 아무것도 할 수 없을 것이다. 먼저 쉽게 해낼 수 있는 일은 아무것도 없다는 가정을 전제로 새로운 일을 계획해야만 하며 무슨 일이 있어도 이것만은 반드시 해내고야 말겠다는 강한 의지를 품고 있어야 한다.

그 다음으로는 목표를 달성하기 위해 필요한 인력과 자금, 설비와 기술은 어떻게 할지 구체적인 사항을 명시한 계획을 세우는 것이다. 새로운 비즈니스 프로젝트를 착수할 때 예상치 못했던 많은 어려움과 해결해야 할 문제에 부딪칠 것이다. 그것을 극복해 내기 위해서는 자기 자신을 믿고 강렬한 정열을 바탕으로 목표를 향해 달려가야 한다. 그러면 포기하지 않는 한 '꿈은 이루어진다'고 나는 믿는다. "어느 정도의 성공 확률이 있나?"라는 질문을 받는다면 정확히 대답할 수는 없겠지만 그래도 상관없다. 창조의 세계를 지배하는 것은 확률이나 통계치가 아니고 그것을 창조하는 인간의 정열과 의지이기 때문이다.

> 강열한 정열이 새로운 시대를 창조하는 변화의 기폭제가 된다.

4 혼신을 다해 일에 빠져 본다

지금 당장 일을 때려치우고 싶은 사람이 있을지도 모르겠다. 솔직히 내 자신도 종종 그런 생각을 한 적이 있는데 너무 지쳐 힘이 없을 때, 가령 학창시절 시험기간 내내 계속해서 밤을 새워 체력이 바닥나고 스트레스가 최고조에 달했을 때가 그랬다. 요즘에도 가끔씩 그럴 때가 있지만 당장 일을 그만두어도 장밋빛 인생은 보장할 수 없다. 또, 일을 그만 두고 3일만 지나면 다시 일이 하고 싶어질지도 모른다.

나는 주위 사람들에게 자주 "인생의 짐이 무겁고 견디기 힘들지 않은가?"라는 말을 듣지만 인생길이 고난과 고통의 연속이라고는 해도 내 인생은 의미가 있다고 생각한다. 책임감의 무게와 심적인 부담감이 고통처럼 다가올 때도 있지만 그래도 나는 나의 일에서 큰 보람을 느낀다.

가끔 상상을 초월하는 고난과 역경을 극복해낸 사람

들의 이야기를 듣는다. 이들이 인생의 고통을 감사한 마음으로 받아들이고 '피할 수 없다면 즐겨라'는 말처럼 즐거운 마음으로 극복했다면 분명 행복한 경험이 되었을 것이다. 자기 일을 사랑하고 그 일에서 기쁨을 발견하는 사람들만이 인생에서 성공할 수 있다.

> 진정한 성공으로 위대한 결과를 만들어 내고 싶다면 우선 자신의 일에 혼신을 다해 빠져 보아야 한다.

5 한 가지 일을 끝까지 파고든다

한 가지 일을 포기하지 않고 끝까지 최선을 다해 완수하고 나면, 인생의 진리를 발견하게 되고 세상 돌아가는 이치를 깨닫게 된다. 만일 수년간 연구에 몰두해 탁월한 기술을 개발한 사람이라면 연구 활동 중에 있었던 놀라운 발전 단계를 설명해 줄 수 있고 오랜 수행을 통해 심신을 갈고 닦은 고승이라면 참진리란 무엇인가에 대해 이야기해 줄 수 있다. 사회, 문화, 예술 등 어떤 분야에서든 어느 정도의 경지에 오른 사람들의 말 속에는 어떤 '깨달음'을 느낄 수 있다.

유감스러운 일이지만 학교를 갓 졸업한 신입사원들은 자신에게 주어진 일이 재미없고 시시하다고 생각해 쉽게 싫증을 내며, 자신의 일이 어떤 의미가 있는지는 생각해 보지도 않은 채 좀 더 책임감 있고 중요한 일을 맡고 싶다고 말한다. 하지만 이런 사람들은 무엇을 해도 만족하지 못한다. 자신에게 좁고 얕은 지식밖에 없다면 그것은 아무것도 모르는 것과 마찬가지의 상태다. 자신의 분야에서 꾸준히 한 우물을 파다 보면 이내 넓고 깊은 깨달음을 얻을 수 있다.

> 일을 포기하지 않고 끝까지 해내는 경험이 가장 가까운 곳에서 진리를 찾게 해준다.

6 스스로 길을 만들어 간다

때에 따라서 불행한 사건이 결과적으로 행운을 가져오는 경우가 있다. 내가 교토의 작은 회사에 취직했을 때의 상황은 한마디로 최악이었다. 월급은 밀리고 보너스는 생각할 수 없었으며 더 이상 미래가 보이지 않았다. 회사를 그만두려고 심각하게 고민하고 있을 때 형은 '다시 취직하기 어렵고 가정 경제를 위해서'라는 구실로 나에게 계속 다닐 것을 권했다. 나에게는 그냥 회사를 다니는 수밖에 별다른 선택의 여지가 없었다. 그래서 내가 할 수 있는 일을 하기로 마음먹고 내 자신을 바꾸기로 했다. 그래서 일에 대한 생각을 바꾸고 일에서 즐거움을 찾으려고 노력했으며 '이런 비참한 상황에서 어서 벗어나야겠다'고 굳게 결심했다.

그리고 나서 진지하게 연구에 몰두하기 시작했을 때, 놀라운 변화가 일어났다. 회사에는 탁월한 인재가 없었기 때문에 작은 성과에도 상사에게 인정을 받았다. 점차 더 중요한 일을 맡게 되면서 나는 눈에 띄게 성장할 수 있었다. 결국에는 최고경영자까지도 알아주는 사원이 되었다. 내 인생은 이렇게 대전환의 계기를 통해 크게 바뀌면서 발전했다. 만약 처음부터 좀 더 좋은 일자리와 환경에서 근무했다면 분명 오늘의 나는 없었을 것이다.

> 지금 처해 있는 상황에 대한 불평불만 때문에 자신의 가능성을 발견하지 못한다면 성공의 기회는 찾아오지 않는다.

7 건전한 정신은 건강한 육체에 깃든다

'건전한 정신은 건강한 육체에 깃든다'는 고대 로마 시대의 격언이지만 오늘날에도 경영자에게는 특히 중요한 의미를 가지고 있다.

리더가 되고 싶다면, 건강유지는 필수조건이다. 조직의 결정권자로서 판단을 내릴 때 건강상태가 영향을 주어서는 안 되기 때문이다. 건강이 좋지 않을 때는 의사결정 과정에서 판단력이 흐려져 올바른 결정을 내리지 못하고 경솔하게 판단하거나 무의식적인 잘못된 선택으로 최악의 상황을 만들 수도 있다. 결과적으로 많은 사람들을 불행에 빠뜨리는 결과를 초래할 수도 있다. 솔직히 말해 리더가 기력이 다해 판단력이 흐려져 잘못된 판단을 할 정도의 상태가 되면 리더의 역할을 그만 두어야 한다. 그리고 구성원의 한 사람으로서 풍부한 경험과 숙련된 기술을 살려 조직의 활성화에 도움을 주는 편이 낫다.

리더로서 전체의 이익을 위하여 사심 없이 올바른 판단을 하려면, 건강한 육체와 건전한 정신을 가지고 있어야 한다.

◉ 반성하는 인생을 살아간다

    반성하는 인생이란, 매일 여러 가지 판단을 할 때 과연 그것이 인간으로서 옳은 것인지 아닌지를 끊임없이 반성하고 항상 자신을 채찍질하면서 살아가는 것을 의미한다. 최선을 다해 냉정하고 겸허하게 스스로 반성하는 것이다. 조금이라도 자신에게 유리한 방향으로 해석한다고 느낄 때는 '나를 버리자!' '옳은 일을 하는 용기를 갖자!'고 자신을 엄격하게 타일러야 한다. 이런 반성은 실수를 저지르기 이전에 잘못된 판단을 내리지 않게 한다. 또, 나를 버리고 옳은 일을 할 수 있게 큰 용기를 준다.

    젊었을 때 피나는 노력을 통해 탁월한 능력을 발휘하거나 사업에 크게 성공한 사람이 자신도 모르는 사이에 성공에 취해 거만해져서 '옛날에는 그런 사람이 아니었는데'라며 주변 사람들의 원망을 사는 경우가 종종 있다. 인간은 매우 단순해서 현재에 안주하려는 경향이 있다. 아무리 자신이 높은 위치에 있어도 항상 겸손하게 반성하고 배우려는 자세가 되어 있지 않으면 성공도 한순간에 물거품이 될 수 있다. 유감이지만 이것이 인간의 본질이다.

매일 너무 바쁘게 사는 우리들은 분주함 속에서 스스로 반성하는 것을 잊고 살아갈 때가 많고 눈앞의 일을 처리하기에 바쁜 하루를 보내기 쉽지만 매일 이런 식으로 살아간다면 인격은 결코 성장할 수 없다. 수준을 높이고 싶다면 자기 자신에 대한 엄격한 반성이 필요하다.

> 하루하루 반성하는 인생을 살아가다 보면 또다른 위대한 성공도 가능하다.

독서는 시야를 넓혀준다

 재미 위주의 가벼운 독서도 가끔은 좋지만, 리더는 자신을 한 단계 발전시키고 인격을 갈고 닦기 위한 독서를 해야 한다. 좋은 책 읽기를 습관화하고 책 속에 담겨 있는 좋은 마음의 양식을 잘 소화해 자신의 것으로 만들어야 한다. 일 때문에 야근을 하고 늦게 귀가했을 때도 나는 반드시 책을 읽는다. 항상 손이 닿을 만한 곳에는 중국고전과 철학에 관한 책이 놓여 있으며 심지어는 목욕을 하면서도 책을 읽는다. 주말에 휴식을 취할 때는 하루 종일 책을 읽으며 지내는 것을 가장 좋아한다. 너무 바빠서 책을 읽을 시간이 없다고 생각할 수도 있지만 언제 어디서나 한가해지면 조금이라도 시간을 쪼개서 좋은 책을 읽고 감명받을 수 있다.

 물론 인생에서 가장 중요한 것은 직접 경험으로 배우는 것이지만 독서는 실제로 경험하는 것보다 훨씬 의미 있는 것들을 깨닫게 해준다. 책은 직접 경험할 수 없는 것을 알려 주고 머릿속으로 그릴 수 있는 무한한 상상의 세계로 사고의 경계를 넓혀 준다. 리더라면 결코 책을 손에서 놓아서는 안 된다.

> 우리의 직접적인 경험과 독서를 통해 얻은 간접적인 경험은 인생에서 성공할 수 있는 정신적 기초를 만들어 준다.

10 구성원에게 열정을 불어넣는다

리더 한 사람이 감당하기 어려운 목표를 달성하기 위해서는 구성원 간의 협력이 필요하다. 그러나 리더가 불타는 열정으로 일을 열심히 해도 목표를 향한 구성원의 열의가 없다면 목표달성은 어렵게 된다. 또 절호의 기회를 붙잡아 최고의 경영자원을 투입한 특급 프로젝트라고 해도 구성원이 열정을 가지고 있지 않으면 실패할 수밖에 없다.

반대로 환경은 열악해도 리더가 열정을 품고 구성원들에게 프로젝트의 의미와 목표달성에 대한 확신을 심어주어 사기를 높이고 열정을 불어넣을 수 있다면 성공 가능성은 높아진다. 자신의 에너지를 다른 사람들에게 나누어 주는 것이다. 리더에게만 있던 열정의 힘은 구성원의 수에 따라, 나누면 나눌수록 팀과 조직으로 확대되어 사기는 높아지고 성공의 확신은 점점 더 커진다. 만일 구성원이 단순히 참여만 한다면 성공 가능성은 30%에 불과하지만 주어진 환경에서 최선을 다해 노력한다면 그 가능성은 50%로 높아진다. 그러나 리더가 가지고 있는 생각을 공유하고 구성원들이 자발적으로 참여하여 열정을 나누어 가진다면 팀과 조직은 활성화되어 성공 가능성은 90%로 높아질 것이다.

> 가장 먼저 리더가 해야 할 일은 구성원이 일에 대한 열정을 품고 성공에 대한 확신을 가질 수 있게 자신의 에너지를 나누어 주는 것이다.

11 하루하루를 열심히 산다

나는 장기적인 비즈니스 계획은 세우지 않는다. 오늘 일이 잘 될지 어떨지, 또 당장 내일 어떤 일이 일어날지 아무도 모르는데 어떻게 10년 후의 일을 예측하며 계획을 세울 수 있겠는가.

하지만 매일 후회 없는 삶을 살기 위해 최선의 노력을 다한다. 그래야 밝은 내일을 기대할 수 있으며 하루의 노력이 쌓이면 5년 후, 10년 후에는 큰 성과를 낼 수 있다.

어떻게 될지도 모르는 미래를 걱정하는 것보다 오늘을 중요하게 여기고 최선을 다해 살아가는 것이 나에게는 더 중요하며 개인적인 연구나 회사를 경영할 때도 똑같이 적용하는 기준점이 되고 있다. 오늘을 확실히 나의 것으로 만들면 불확실한 내일이 좀 더 명확하게 다가온다고 확실히 말할 수 있는데 이런 확신은 불확실한 미래의 변화를 읽는 힘까지 불러온다. 눈앞에 보이는 오늘을 확실히 자기 것으로 만들면 알 수 없는 미래가 차츰 보이기 시작한다. 불확실한 미래는 확실한 오늘의 연장선이기 때문에 오늘이 마지막이라고 생각하고 최선의 노력을 다해 살아야 한다.

> 옛 속담에 '한 가지 재주에 뛰어나면 어떤 일이든지 다 잘해낼 수 있다'고 했다. 이렇듯 매일 쌓이는 성취감이 위대한 성공을 불러오는 것이다.

이나모리 가즈오에게 묻다

열의 | Q & A

Q 지금까지 기획하고 참여한 주요 프로젝트마다 한 번도 실패한 적이 없다고 들었는데 성공의 비결은 무엇인가?

A 매우 단순하고 간단하다. 프로젝트가 성공할 때까지 결코 중도에 포기하는 일이 없다. 실패는 마음가짐에서 시작된다. 물론 제일 먼저 검토하는 것은 그 프로젝트가 할 만한 가치가 있는 것인지 스스로에게 묻고 완전히 확신이 서지 않으면 시작하지 않는다. 이것은 성공할 가능성이 얼마나 되느냐의 문제가 아니다. 그리고 일단 시작하면 어떤 어려움이 있어도 중간에 포기하지 않는다. 어느 순간 한계에 부딪치면 좌절하지 않고 다른 길이 보일 때까지 방법을 찾으면 된다. 그러면, 분명히 길이 보인다.

Q 생산성이 낮은 사원은 어떻게 관리하는가?

A 인간은 얼굴 생김새가 모두 다른 것처럼 각자의 능력에 차이가 난다. 언제나 능률적으로 일을 잘하는 사람이 있는가 하면 또 그렇지 못한 사람도 있다. 하지만 능력은 모자라

지만 최선의 노력을 다하고 있는 사람이 있다면 결과와 상관없이 그 자체만으로도 높게 평가해야 한다. 구성원이 자신의 능력을 가장 잘 발휘할 수 있게 적절한 자리를 만들어 주고 업무를 조정해 주는 것도 리더가 해야 할 중요한 임무들 중 하나이다.

Q 항상 불평불만을 갖고 부정적인 태도로 일하는 사원은 어떻게 하나?

A 그런 사원이 있다면 될 수 있는 한 서로 많은 의견을 교환한다. 대화를 해나가면서 긍정적인 태도가 개인이나 회사의 입장에서 매우 중요한 요소라는 공감대를 형성한다. 또 개인적으로 원한다면 긍정적인 태도를 배울 수 있는 기업의 혁신모델이나 자기계발 프로그램을 체험할 수 있는 기회를 제공해 준다.

Q 장기적인 계획은 필요한 것이 아닌가?

A 지금까지 살아온 인생길을 되돌아보면 미래를 예측하는 가장 좋은 방법은 오늘 나에게 주어진 시간을 확실히 나의 것으로 만들고 알 수 없는 내일은 오늘이라는 시간의 연장

선이라고 믿는 것이다. 내일을 내가 원하는 삶으로 만들고 싶다면 주어진 오늘을 확실히 나의 것으로 만드는 방법밖에 없다. 경영자들은 모두 각자 나름대로의 경영철학과 방식이 있다. 장기적인 계획을 세우지 않는 것은 내 나름대로의 경영방식이다. 우리들이 어떤 계획을 세우고 비전을 품는 것은 매우 중요한 일이다. 하지만 그 장밋빛 꿈에 사로잡혀 눈앞에 닥친 현실을 외면하거나 현재 추진하는 프로젝트를 성공적으로 달성하지 못하는 오류를 범할 수도 있다.

사고방식 Attitude

**욕심이 지나치면 단순한 문제라도 복잡해진다.
사심으로부터 자유로운 사고방식만이 우리를 진정한
성공으로 인도한다**

절대로, 희망을 잃지 않는다

 요즘 들어 부쩍 '꿈은 생각한 대로 이루어진다'는 확신이 생긴다. 하지만 첫 직장생활을 시작했을 때는 모든 것이 부족하고 내 생각대로 되는 일이 없었기 때문에 이런 말이 귀에 잘 들어오지 않았다. 그러나 이때도 꿈과 희망만은 항상 잊지 않고 마음속에 품고 있었다. 오늘날의 내가 있는 것은 꿈과 희망이 있었기 때문이다.

 그 당시 나는 매우 낡고 허름한 기숙사의 2층, 10평 남짓한 곳에서 살았는데 속에 짚을 엮어 만든 방바닥은 구멍이 숭숭 뚫려 지푸라기가 날렸고 매일 취사용 도구로 직접 밥을 지어 먹었다. 회사에서 하는 연구는 신통치 못했고 인간관계는 악화일로에 있었다. 때때로 해가 저물면 나는 기숙사 밖의 벚꽃 길을 따라 흐르는 시냇가를 혼자서 거닐다가 한쪽에 자리를 잡고 앉아서 〈고향〉이라는 동요를 부르곤 했다. 그때의 내 마음은 온통 상처투성이였고 상처받은 마음을 어떻게 치유할지 몰라 동요나 부르면서 스스로를 달랬다. 내게도 그렇게 내일 출근해야 한다는 부담감과 두려움이 없어져 새로운 용기가 생길 때까지 숙소로 돌아가지 않고 계속해서 노래를 불러대던 시절이 있었다.

> 우리는 살아 있는 동안 고통과 번민으로부터 벗어날 수 없다. 그러나 아무리 최악의 경우라도 꿈을 품고 희망찬 내일을 위해서 노력할 수는 있다.

2 인간으로서 올바른 일을 추구한다

나는 젊었을 때 '인간으로서 올바른 일은 무엇인가?'라고 스스로에게 질문하는 법을 배웠다. 사회의 부조리한 현실에 직면했을 때면 스스로에게 '이것은 이상적인 인간의 삶이 아니며, 이렇게 살아서는 안 된다'고 마음이 약해지는 자신을 타이르곤 했다. 그러면서 옳은 것을 따르는 마음은 이상을 추구하는 마음임을 깨달았다. 입학과 입사시험에서 모두 떨어졌을 때에는 정말로 비참했지만 '더욱 분발해서 좀 더 훌륭한 학교와 회사에 들어가자'고 마음을 다잡았다.

새로운 세라믹을 개발해야 하는 다소 무모한 연구를 맡았을 때도 세라믹을 최고의 재료로 만들기 위해 최선의 노력을 다하자고 마음속으로 다짐하고 또 다짐했다. 나는 절망적인 환경 속에서도 이상과 희망을 잃어버리지 않기 위해 노력했고 꿈을 실현시키기 위해서 모든 일에 목숨을 걸 만큼 최선을 다했다. 긴 인생의 여정 길에는 실망과 고난, 시련의 시기가 몇 번씩 찾아오지만 이런 시간은 자기가 가진 최선의 노력을 기울여 꿈을 실현할 수 있도록 하늘이 내려주신 둘도 없는 기회임을 깨달아야만 한다.

> 하늘은 성실한 노력과 분명한 결의를 하는 사람을 돕는다.

쉽고 편한 길은 피한다

나는 대학을 졸업하고 곧바로 교토에 있는 작은 세라믹 회사에 취직했다. 그곳에서 나는 경영진과의 잦은 충돌, 노동조합과의 불화까지 겹쳐 완전히 외톨이가 되었다. 그때, 이런 생각을 해보았다. '만약 내가 에베레스트와 같은 높고 험한 산을 오르는 등반대장이었다면 어땠을까?' 산을 오르다 보면 발을 삐끗하거나 정신적·육체적 한계를 느껴 마음이 약해지거나 발을 헛디뎌서 절벽 밑으로 떨어지는 사람이 생길 수도 있다. 직장 상사는 타협하는 쪽이 좋다고 집요하게 유도했지만 그것은 좀 더 쉬운 코스를 선택해서 낙오자 없이 모두 다 정상에 도착해야 한다는 말로밖에 들리지 않았다. 상사의 충고를 귀 담아 듣고 깊이 생각해 봤지만 나는 결국 가장 어려운 난코스를 선택하기로 마음먹었다. 만일 쉽고 편한 길을 선택해 천천히 올랐다면 나는 분명 정상에 도착하기 전에 아마도 쉽게 포기했을 것이다. 그것이 내 참모습이다. 나는 내 자신이 약한 인간이라는 사실을 잘 알고 있었지만 주변 사람들이 나를 깊이 신뢰해 주고 있었기 때문에 그들을 잘못된 방향으로 이끌 수는 없었다.

내가 쉽고 편한 길을 선택하면 한때 즐거운 산행이 될 수도 있다. 하지만 인생에서 진정한 행복의 정상에는 도달할 수 없다. 인생에서 외톨이가 되었을 때, 지금 가는 길이 바른 길이라는 굳은 신념만 있다면 아무리 산이 험하고 중도에 악천후를 만나도 포기하지 않을 수 있고, 똑바로 앞을 보고 나아가면 반드시 정상에 오를 수 있다는 확신을 얻었다. 그 이후에 나는 모든 구성원이 함께 인생에서 진정한 행복을 맛볼 수 있도록 다른 사람에게 하는 것처럼 내 자신에게도 항상 엄격한 기준을 적용해 나갔다.

> 쉽고 편한 길은 대부분의 경우 정상으로 인도해 주지 않는다. 이것은 인생의 진리로 한 번도 틀린 적이 없었다.

🔺 천국과 지옥은 종이 한 장 차이다

어느 날 젊은 수도승이 고승에게 "지옥은 어떤 곳입니까?"라고 여쭤보았다. 노승은 다음과 같이 대답했다.

"지옥에는 김이 모락모락 나는 맛있는 우동이 커다란 솥 안에 가득 삶아져 있는데 이것을 먹기 위해서는 길이가 1미터 정도 되는 긴 젓가락을 사용할 수밖에 없다네!"

그는 수도승에게 어떤 상황인지 이해가 되는지를 잠시 묻고 계속해서 이야기를 펼쳐갔다.

"모든 사람이 배가 고프기 때문에 그 긴 젓가락으로 우동을 집어서 먹으려고 하지만 젓가락이 너무 길어서 우동을 한 젓가락 집는다고 해도 먹을 수 없었다네! 모두가 우동에 미쳐서 서로 먼저 많이 먹으려고 싸움까지 벌어지고 결국에는 우동이 여기저기 흩어져 날아다니고 떨어져서 아무도 우동을 먹지 못했다는구먼."

이 말을 다 듣고 있던 젊은 수도승은 "그럼 천국은 어떤 곳입니까?"라고 또 물었다. 고승의 답은 이랬다.

"천국도 사실은 같은 모양이네. 다만 그곳에서는 사람들이 우동을 긴 젓가락으로 집으면 쉽게 받아먹을 수 있는 반대편 사람의 입으로 가져다 '먼저 드세요'라며 먹여주지! 그러면 어렵게 받아먹은 사람이 이번에는 '먹여 주셔서 고맙습니다'라며 저도 '돌려 드려야지요'라고 자신의 긴 젓가락으로 우동을 집어 되돌려주는 것이지. 그래서 천국에서는 모두가 배불리 먹고도 음식이 남아 돈다네! 영원한 행복과 즐거움이 가득한 곳이지!"

> 우리의 인생은 나보다는 남을 생각하는 마음에 따라서 천국도 되고 지옥도 될 수 있다.

5 먼저 자기 자신부터 신뢰한다

 서로 신뢰할 만한 인간관계가 없다면 인생에서 성공한다는 것은 불가능하다. 특히 경영현장에 있어서는 말할 필요도 없다. 그러면 신뢰할 수 있는 인간관계를 구축하기 위해서 어떻게 하면 좋을까? 우선, 믿을만한 동료를 만들자고 생각해 신뢰관계를 만들어 갔다. 그러나 곧 내 생각이 크게 잘못되었다는 것을 알았다. 자기 자신이 신뢰받을 만한 사람이 못되면 참된 신뢰관계는 구축할 수 없다는 사실을 깨달았다.

 제일 먼저 다른 사람들이 나의 마음을 모르고 신뢰해 주지 않으면 아무리 친한 동료라도 내가 의도하는 대로 마음을 얻을 수는 없다. 신뢰관계의 첫 출발은 자기 자신의 마음으로부터 나온다. 나도 다른 사람에게 배신 당했던 적이 몇 번 있었지만 그럼에도 나는 상대방을 전폭적으로 신뢰해야 한다고 생각한다. 내가 상대방을 의심하는데 상대방이 나를 믿어 주지는 않을 것이다. 항상 나부터 상대방에게 신뢰를 줄 수 있는 사람인지 아닌지 스스로에게 묻고, 만일 문제가 있다면 신뢰받는 사람이 되기 위해 자신의 태도부터 바꿔야만 한다. 혹시 인간관계에서 자신이 손해를 보았다고 해도 그 사람을 계속해서 믿어준다면 신뢰관계는 결코 깨지지 않는다.

> 신뢰는 주변 환경에서 찾는 것이 아니라 자신의 마음속에서 찾아야 한다.

자기희생을 감수한다

맑고 순수한 마음에는 진실이 있다. 반면에 이기심으로 가득 찬 마음에는 복잡한 욕심만 가득하다. 만일 '이 일을 하면 나에게 어떤 이득이 있을까?'라는 사리사욕에 사로잡혀 일을 시작하면 개인적인 욕심으로 단순한 문제도 복잡하게 얽히게 된다. 우리는 때때로 자신을 좋게 포장하려고 하는데 이런 이기적인 동기는 문제의 초점을 흐리고 문제해결을 어렵게 만든다.

항상 일을 있는 그대로 보고 될 수 있는 한 순수한 마음을 가지려고 노력해야 한다. 이기적인 욕망에 사로잡힌 눈에는 단순한 문제까지도 굉장히 복잡하게 보이는 법이다. 비록 자신에게 불이익이 되어도 있는 그대로 일을 바라보고 자신에게 실수가 있다면 솔직히 잘못을 인정해야 한다. 순수한 눈으로 눈앞에 처한 상황을 보기 시작할 때 돌연 문제가 해결되고 단순한 해결책이 보이는 경우가 종종 있다.

이와는 반대로 자기 자신의 쾌락과 사치만을 좇는 이기적인 마음을 버리지 못하면 욕심에 눈이 멀게 되어 해결책은 점점 멀어지고 진실은 어둠속으로 사라져 버린다. 그러나 진실한 마음을 찾는 것만으로는 부족하다. 끊임없이 진실을 추구하기 위해서는 불의에 대항하는 참된 용기가 필요하다.

> 눈앞의 일을 있는 그대로 보고 자기를 희생해서라도 끝까지 완수하겠다는 마음가짐만 있다면 극복하지 못할 문제는 없다.

7 세세한 것까지 주의를 기울인다

올바른 판단을 내릴 때에는 자신이 지금 어떤 상황에 처해 있는지 잘 알고 있어야 한다. 또한 일의 핵심을 제대로 볼 수 있는 날카로움과 세부사항까지 꿰뚫어 볼 수 있는 통찰력이 필요하다. 날카로운 통찰력을 키워주는 것은 정신의 집중력이다. 그러나 이런 집중력은 하루아침에 만들어지는 것이 아니며 집중한다는 것은 한마디로 습관의 문제이다. 만일 세부사항까지 주의를 기울이는 습관이 몸에 배면 어떤 상황이 닥쳐와도 곧바로 집중력을 발휘할 수 있지만 습관화되어 있지 않으면 올바른 상황파악은 힘들다.

너무 바빠서 어렵다고 생각할지 모르지만 반대로 너무 바쁜 시간은 세세한 것까지 주의를 기울이는 습관을 가질 수 있는 최상의 시간이다. 아무 생각없이 일에 파묻혀 시간이 흘러가도 주의를 기울이는 노력을 의식적으로 행해야 한다. 이것이 이른바 '의도적인 주의' 즉 '유의

주의'라는 것이다. 이 '유의주의'를 습관화하면 예상치 못한 상황에서 올바른 판단을 내릴 수 있는 능력을 갖게 된다. 올바른 판단을 신속하게 내리기 위해서는 집중력과 통찰력을 습관화하는 사람이 진정으로 뛰어난 실력자다.

> 인간의 능력은 올바른 판단을 내릴 수 있는지 없는지에 따라 좌우된다.

◈ 잠재의식을 일깨운다

잠재의식에는 복잡한 판단을 올바르고 쉽게 내릴 수 있게 하는 힘이 있다. 당신은 처음 자동차 운전석에 앉았을 때를 기억하고 있는가? 아마도 너무 떨리고 긴장해서 식은땀이 났을 것이다. 핸들을 조작하는 것만 해도 정신없는데 주의를 집중해서 살펴야 하는 것들은 왜 이리도 많은지! 도로의 상태나 앞차와의 거리, 맞은편에서 달려오는 차 등등 신경 쓰이는 것이 한두 가지가 아니다. 하지만 점차 운전 경험이 쌓이고 잠재의식이 현재의 상태를 통제하게 되면 잠재의식이 현재의 상황을 판단하고 과거의 경험으로부터 비슷한 패턴을 찾으면서 손발을 자유롭게 사용할 수 있게 하여 운전에 익숙해진다.

일본 장기의 대가인 마쓰다 고조는 "대국이 최고조에 달하면 승리의 한 수가 마음에 와닿는다. 머릿속으로 다른 수를 수십 번 생각하고 신중하게 모든 가능성을 검토하지만 결국에는 처음 직감이 제일 올바른 판단이었다는 것을 깨닫는다"고 말했다. 잠재의식은 장기의 고수가 대국이 진행되는 현재 상태에서 생각할 수 있는 모든 경우의 수보다도 앞서서 최후의 결정적 한 수를 미리 알려주었던 것이다. 반복되는 강렬한 경험은 잠재의식에 쌓이고 잠재의식은 현재의식을 대신해서 놀라울 정도로 빠르고 올바른 판단을 하게 만든다.

> 진심으로 맡은 바 소임을 완수하기 위해 노력하면 잠재의식이 깨어나 신속하고 올바른 판단을 내릴 수 있게 한다.

▩ 자신의 철학으로 도리에 맞게 산다

영어로 '이치에 맞는다 It makes sense'는 표현을 일본어에서는 '스지筋, 힘줄 근가 통한다'고 표현한다. '스지'라는 단어는 '척추나 선線'을 의미한다. 이 단어는 사람들이 판단할 때 사용하는 일련의 논거 또는 철학이라는 의미로 사용되고 있는데 인간 정신의 지표라고 말할 수 있을지도 모르겠다. 모든 사람들은 마음속으로 어떤 판단을 내릴 때 기준이 되어야만 하는 것을 가지고 있다. 사람들의 판단기준에는 '인간으로서 무엇이 옳은가?'라는 물음에 대답할 수 있는 도덕과 윤리처럼 원리원칙에 기초한 그 무엇이 있어야만 한다.

인생에서 '스지가 통하는지', 다시 말해 도리에 맞게 사는지 어떤지를 판단하기 위해서는 단순히 윤리적으로 모순이 없는지의 문제뿐만이 아니라 인간으로서의 도리에 비추어 합당한지 불합리한지를 판단하고 인식해야 한다. 머릿속으로만 경솔하게 판단하지 말고 인간으로서 좀 더 근본적인 부분까지 되돌아보고 신중하게 숙고한 후 판단해야 한다. 그런 '스지'나 '철학'이 없는 사람은 가치 있는 일을 할 수 없을 것이다. 왜냐하면 그런 사람에게는 자신의 판단기준이 되는 올바른 원리원칙이 없기 때문이다. '자기만의 철학'이 자신을 올바른 방향으로 인도하는 나침반이 되어주기 때문에 철학을 가지고 있는 사람은 가치 있는 일을 많이 할 수 있다.

> 우리가 품은 철학은 나침반처럼 올바른 의사결정을 내릴 수 있게 인생의 정확한 방향을 알려준다.

10 원리원칙을 기준으로 한다

상식과 관습이 통하지 않는 새로운 상황에 직면했을 때는 당황해서 갈팡질팡하기 때문에, 흔하게 널려 있는 잘못된 상식과 관습을 기준으로 판단하기 쉽다. 이는 반드시 경계해야 한다.

평상시에 원리원칙에 입각한 판단을 해두면 어떤 상황에서도 흔들리지 않는다. 원리원칙을 바탕으로 한다는 것은 인간사회의 윤리와 도덕을 기준으로 삼고 인간으로서의 올바른 도리를 실천한다는 뜻이다. 인간의 도리에 기초한 판단이 서면 시간과 공간을 초월해서 어떠한 상황에 직면하더라도 그것을 감당할 수 있다. 그렇기 때문에 올바른 판단 기준을 가지고 있는 사람은 아무리 불확실한 상황이 닥쳐와도 당황하거나 갈팡질팡하지 않는다.

진정한 혁신가가 새로운 세계를 개척하고 발전시킬 수 있는 것은 결코 경험이 많거나 상식이 풍부해서가 아니다. 그것은 참으로 숭고한 인간의 본질을 마음에 새기고 기본적인 원리원칙에 입각해서 판단하기 때문이다.

> 항상 원리원칙에 입각해서 판단하고 행동하면 보이지 않던 길이 보이게 된다.

이나모리 가즈오에게 묻다
사고방식 Q&A

Q 미국인 직원과 일본인 직원을 비교하면 의욕과 사고방식에 차이가 있는가?

A 미국에서 사업을 시작한 이후에도 나는 줄곧 교세라의 경영방식에 기초를 두고 경영했다. 일본 교세라와 완전히 똑같은 방식을 적용하고 있지만 직원들의 반응은 모두 비슷하다. 확실히 미국 직원들 중에는 개인주의 성향이 강한 사람들이 있지만 반드시 그것이 나쁜 것은 아니다. 미국인으로서의 사고방식은 중요한 것이다. 왜냐하면 좋은 회사일수록 항상 많은 사람들의 독창적인 사고방식이 회사의 발전을 촉진하기 때문이다. 또한 미국인 직원의 장점은 어떤 국적을 가진 사람이든, 누구의 것이든 그가 제안한 아이디어의 좋은 점을 적극 이해하고 받아들이는 경향이 있다는 것이다.

Q 미국인 간부가 일본 간부에 비해 자기중심적이라고 생각하지 않나?

A 때로는 개인주의적이고 자기중심적인 간부를 볼 수 있지

만, 그런 사람은 미국에나 일본에나 어느 곳에나 다 있다. 국적에 관계없이 진실하게 마음을 열고 서로 이야기해 보면 아무리 이기적인 사람이라도 우리의 사고방식을 이해하고 받아들여 준다. 교세라의 모든 경영 시스템은 일본에서 만들어졌지만 어느 곳에서나 모두 오해하는 일 없이 이해하고 좋은 생각은 받아들인다.

Q 어려운 문제를 해결하기 위해 잠재능력을 이용하고 싶은데 이를 위한 특별한 기술은 없는가?

A 내 자신이 체험을 통해서 배웠을 뿐 나는 이 분야의 전문가가 아니다. 다만 어떤 일에 정열을 쏟아 붓고 집중해서 할 때 잠재의식 덕분에 거의 잊고 지내던 과거의 경험으로부터 도움을 받았던 기억이 있다. 그러므로 어떤 문제에 정열을 가지고 몰두하는 것 이외의 특별한 방법은 없다. 이 방법이 좀 더 확실하고 이것이 내가 알고 있는 유일한 방법이며 분명히 나에게는 효과가 있었다.

> 저자 후기

  나는 도덕적인 원칙을 실천하는 것만이 모든 비즈니스에서 성공하는 중요한 열쇠라고 믿고 있다. 도덕적 원칙은 생명 있는 모든 것을 행복하게 만드는 보편적 원칙 중 하나인 것이다. 한편 개인적으로 순수한 철학을 갖고 있는 것도 매우 중요한 일이라고 생각한다.

  내가 보기에 기업에서 경영철학은 회사의 발전을 결정짓는 원동력이기 때문에 리더가 어떤 철학을 가지고 경영활동에 임하는지는 성공을 좌우하는 가장 중요한 사항이다. 마찬가지로 한 개인이 철학을 가지고 사는 것 또한 인생을 변화시킬 수 있는 놀라운 힘의 원천이다.

  오늘날처럼 혼란스럽고 불확실한 사회 속에서 단지 주어진 하루하루를 그저 살아가는 데에만 급급해서 인생의 참의미를 발견하지 못하고, 최선을 다해 살아가려는 정열을 상실해버린다면 정말로 인정이 메마르고 각박한 세상, 재미없고 고된 인생 속에 허덕이게 될 것이다.